Thomas Lanz

SK Rapid Wien

Fußballfibel

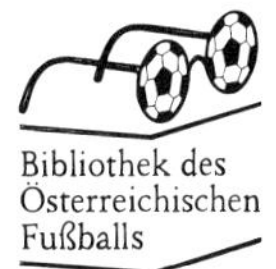

Herausgegeben von Thomas Pöltl und Frank Willmann

Autor:

Thomas Lanz, geboren 1979 in Südtirol, wurde Anfang der 1990er Jahre zum Rapidfan und ist seit 1996 Mitglied der Ultras Rapid. 1998 zog es ihn endgültig nach Wien, wo er bis 2014 zum aktiven Kern der Gruppe gehörte und u. a. für das Erstellen der Choreographien zuständig war.

Bildnachweis:

Christoph Rozsenich/Ultras Rapid: S. 25, 28, 39, 47, 59, 60, 61, 80, 112, 116, 137, 149, 150, 153, 160, 164, 171, 173;
Thomas Lanz: S.14, 19, 20, 27, 31, 46, 67, 79, 139, 172, 174;
Rapideum: S. 32, 33, 35, 45, 106.

ISBN: 978-3-944068-92-3
Die Deutsche Nationalbibliothek verzeichnet diese Publikation in der Deutschen Nationalbibliografie; detaillierte bibliografische Daten sind im Internet über http://dnb.d-nb.de abrufbar.

Verlag:
CULTURCON medien
Inh. Bernd Oeljeschläger
Melanchthonstraße 13
10557 Berlin
Telefon 030 / 3439 8440
www.culturcon.de
Redaktion und Lektorat: Nelly Möller
Gestaltung und Satz: Burkhard Kehl, Berlin
Coverentwicklung: Marcus Gruber, Berlin
Druck: Florian Isensee Gmbh, Oldenburg

Vorwort

Es ist ein ziemlich unmögliches Unterfangen, die Geschichte des SK Rapid und seiner Fans in einem Taschenbuch unterzubringen. Das haben andere vor mir in anderen Formaten schon besser geschafft. Ich versuche es deshalb auch erst gar nicht. Vielmehr habe ich vor, die früher oft glanzvolle, teilweise aber auch tragische Historie von Klub und Fanszene in Form eines Spieltagebuchs zu erzählen. Zu Beginn geht's dabei um sehr viel Vereinsgeschichte, legendäre Spieler und einige Persönlichkeiten, die den Klub so groß gemacht haben. Fantechnisch relevant wird es dann eher im hinteren Teil, also mit Beginn der Rückrunde, wo die letzten vierzig Jahre der Hütteldorfer Szene und die letzten dreißig Jahre von Ultras Rapid gestreift werden.

Das Geile an Rapid, und das kommt einem beim Schreiben so eines Buches natürlich zugute, ist die Tatsache, dass bei Rapid immer was los ist. Irgendwos is imma, bei Rapid und im Block West sowieso.

Große Spieler, legendäre Spiele, Block West und a bissl was Kurioses, darum geht es bei der Rapidfibel.

Danke zu allererst an Alex, Sebastian & Felix.

Danke des Weiteren an Gerhard K., Thomas K., Roland K., Rudi K. und Sabine K. für die Vorreiterrolle, Danke auch an Markus, Oliver, Roman, Reini, Alex, Fosi, Stego und Seba für die gemeinsame Zeit. Danke an Christoph Rozsenich für die Fotos und an den Düsseldorfer für die Texte.

Ein spezieller Gruß an die Ex Gruppo Folklore, Andiani, Schnappi und den kleinen Pauli.

Danke auch an Andy Marek, dafür, dass er bei Rapid ist, und an Rudi Edlinger, dass er Rapid-Präsident war.

Danke zu guter Letzt noch an das Rapideum und Laurin Rosenberg, Thomas Unger, Thomas Pöltl, Brucki und Domenico Jacono sowie den Rest von Ultras Rapid.

Gewidmet dem Pedro, der kurz vor Fertigstellung dieses Buches gestorben ist und allen anderen bekannten und unbekannten Protagonisten der grün-weißen Fanszene, die es nicht mehr gibt.

Hallo Thomas!

Auch wenn die Meisterschaft 2016/17 weit hinter unseren Erwartungen blieb, Wir Sind Rapid *und wir stehen zusammen. Deshalb werden wir in dieser Saison wieder fest an einem Strang ziehen, jeden noch so schweren Zweikampf annehmen und um jeden Zentimeter Rasen kämpfen, um am Ende als Sieger vom Platz zu gehen.* Alle Gemeinsam *für unsere Farben!*

Also sichere dir jetzt deinen Abo Platz für die Saison 2017/18, den wir für dich noch exklusiv bis 28. Juni 2017 reserviert haben.

Das kommt davon, wenn man im Mailverteiler des Vereins landet. Nicht, dass ich mein Abo nicht verlängert hätte, aber was letzte Saison lief, war wirklich unter aller Sau.

Der SK Rapid, österreichischer Rekordmeister und mit Abstand beliebtester Klub des Landes, zog in ein neues Stadion, das leider nach einer Versicherung benannt ist und keine geilen Flutlichtmasten mehr hat. Dennoch trieb dieser Umstand die Erwartungshaltung der grün-weißen Fanschar dermaßen in die Höhe, dass der Meistertitel (es wäre der erste seit 2008 gewesen) schon vor Saisonbeginn unter Dach und Fach schien.

Am Ende wurden wir trotz zweier Trainerwechsel miserabler Fünfter. Da wir auch das Cupfinale gegen Red Bull verloren, spielten wir in der Folge nicht einmal im Europacup.

Hinein also in eine neue Saison 2017/18 mit dem SK Rapid. Abo Nummer 80756506, Block West links oben. Früher, im Hanappi-Stadion, bin ich weiter unten, direkt hinter dem Fetzen der Ultras Rapid gestanden, aber mit dem Abbruch des alten Stadions hat sich das erledigt.

Die Vorbereitungsspiele in der österreichischen Provinz kann man getrost vergessen. Los ging es mit der ersten Runde im österreichischen Pokal. Vierzehnmal hat der SCR den schon gewonnen, der letzte Triumph datiert aber aus dem Jahre 1995. Das ist lange her. Seitdem gab es viele bittere Niederlagen wie zuletzt das verlorene Endspiel gegen Red Bull, aber noch viel mehr peinliche Ausrutscher gegen Regionalligisten, die gegen den großen SK Rapid die Cupsensation schafften.

16. Juli 2017, 1. Runde Cup, SC Schwaz – SK RAPID 0:2

Neuer Rekordspieler

Um es gleich vorwegzunehmen – man wird darüber auf den kommenden Seiten noch ein paar Mal lesen – der Fußball in Österreich treibt mitunter kuriose Blüten. Vor allem im Cupbewerb merkt man das. 2007/08 wurden gar keine Cupspiele ausgetragen, weil sich das Nationalteam für die EM im eigenen Land vorbereiten musste. 2010 spielte Rapid dann in der ersten Runde des Bewerbs gegen das eigene Amateurteam und gewann mit 5:2. Letztes Jahr mussten wir dreimal zum Sportplatz des Wiener Sport-Clubs, ohne auch nur einmal gegen den WSC anzutreten. Karabakh Wien und der SV Leobendorf aus Niederösterreich wichen nach Wien-Hernals aus, da sie über keine adäquate Anlage verfügten. So weit, so nachvollziehbar. Richtig strange wurde es dann aber, als Blau Weiß Linz im heimischen Linzer Stadion nicht spielen konnte, weil in der benachbarten Sporthalle zeitgleich die Karate-WM über die Bühne ging. In der näheren Umgebung wurde man nicht fündig und ließ das Spiel dann ebenfalls auf dem Sportclub-Platz austragen. Also trat Rapid dort innerhalb von wenigen Monaten drei Mal an. Für mich gut gelegen, zwei S-Bahn-Stationen entfernt.

…

Dieses Jahr blieb uns das erspart, der SC Schwaz aus Tirol zog das große Los, sprich uns. Seit 1995 hatte der SCR kein Cupspiel mehr unter der wunderschönen Tiroler Nordkette gespielt. Der Aufstieg wurde mit etwas Bauchweh fixiert, 2:0 hieß es am Ende. Trotzdem wohnte auch diesem Spiel etwas Historisches inne. Steffen Hofmann, langjähriger Kapitän, wurde in der zweiten Halbzeit eingewechselt und lief somit im 528. Pflichtspiel für den SCR auf. Damit löste der gebürtige Würzburger Peter Schöttel als Rekordspieler des Klubs ab.

1. Wiener Arbeiter Fußball-Club

Erste Runde in der Meisterschaft, erstes Heimspiel. Rapid empfängt die Mattersburger. Gespielt wird an einem Samstagnachmittag, 16.00 Uhr. Die Partie eröffnet somit die neue Bundesligasaison 2017/18. Das Thermometer zeigt über 30 Grad an.

…

Wie es der Zufall will, wurde auf den Tag genau vor 120 Jahren, am 22. Juli 1897, der 1. Wiener Arbeiter Fußball-Club aus der Taufe gehoben – der Vorläuferverein des SK Rapid.

Gegründet wurde der Klub von Arbeitern der Hutfabrik Böhm, die damals am Brillantengrund in Wien-Neubau ansässig war. Wie überall in Wien und auf dem ganzen restlichen Kontinent hatten damals die Engländer ihre Finger, besser gesagt ihre Beine im Spiel, wenn irgendwo Fußball gespielt wurde. In unserem Fall wurden die Kicker vom englischen Geschäftsführer Robert Lowe und dessen zwei Söhnen, die ebenfalls im Betrieb arbeiteten, gefördert und ermutigt, dem Sport nachzugehen. Die Klubfarben waren Blau und Rot, genau wie das Wappen der Firma Böhm. Vielleicht waren die Farben aber auch symbolischer Natur und programmatisch für die Arbeiterklasse: Rot steht für die Gleichheit und Blau für die Freiheit.

Im Neuen Wiener Abendblatt stand 1898 zu lesen: „Der erste Wiener Arbeiter Fußball-Club, welcher es sich zur Aufgabe gemacht hat, den in Wien so beliebt gewordenen Fußballsport auch unter den sportfreundlichen Kollegen der arbeitenden Klasse einzuführen, ladet hiermit alle ernstlich sportgesinnten Arbeiter ein, in den Klub, der bereits über eine Anzahl guter und geschulter Spieler verfügt, einzutreten. Die Einschreibgebühr beträgt eine Krone, und der Wochenbeitrag ist auf 10 Heller festgesetzt."

Fußball gab es zum damaligen Zeitpunkt schon in Wien. Der First Vienna Football-Club 1894 ist der älteste Fußballverein Österreichs. Er wurde am 22. August 1894 vereinsrechtlich angemeldet. Unser Arbeiter Fußball-Club dürfte der zehnte Verein gewesen sein, der sich Ende des 19. Jahrhunderts gründete.

Aller Anfang für den ersten Arbeiterklub der Stadt war schwer. Es setzte oft hohe, teilweise sogar zweistellige Niederlagen gegen die anderen Vereine.

Als erster Platz diente den Blau-Roten das Exerzierfeld der damals neu errichteten und heute noch bestehenden Graf-Radetzky-Kaserne. Das Spielfeld musste vor jedem Spiel adaptiert werden. „Der Exerzierplatz Schmelz ist – die Spieler würden es unterschreiben – ein echter Graus. Bodenwellen (zum Unfreiwillig in Deckung Gehen), Steine (zum Aufschlagen der Knie und der Ellbogen), harter Boden (für die Schleimbeutelentzündung der Torleute), Grasbüschel (zum Stolpern).“ So werden im *Großen Rapid Buch* die damaligen Platzverhältnisse beschrieben.

In den damaligen Jahren hielt die Industrialisierung auch in der k. u. k. Monarchie Einzug. Hunderttausende Zugereiste aus dem ganzen Kaiserreich, vor allem aus Böhmen und Mähren, zog es in die neuen Fabriken der Stadt. Die Tschechen stellten um 1900 ein knappes Viertel der Wiener Bevölkerung. Sie kamen im Zuge der Binnenmigration als Handwerker, Arbeiter und Dienstpersonal ins boomende Wien. Unter dem heute nicht mehr unumstrittenen Bürgermeister Karl Lueger (1897 – 1910) wurden sie schlecht behandelt und waren einem massiven Assimilationsdruck ausgesetzt. Die tschechische Sprache war verpönt.

Die „Ziegelbehm“ machten Wien zur zweitgrößten tschechischen Stadt nach Prag. Die Arbeiter, vor allem der Bauwirtschaft aber auch der Maschinenherstellung und Textilindustrie, siedelten sich in der Wiener Vorstadt an. Wien wurde zu Beginn des neuen Jahrhunderts zu einer Millionenstadt, der sechstgrößten Stadt weltweit, in der die Arbeiterschaft nicht selten im Elend lebte. In diese Zeit reichen die Wurzeln unseres Vereins zurück. Der Satz „Unser legendärer Zusammenhalt wurzelt in der Solidarität unter den Familien, Nachbarn und Arbeitern auf der Schmelz“ schaffte es in das vor ein paar Jahren verfasste Leitbild des SK Rapid.

Nach dem Zusammenbruch der Monarchie und der Proklamation der Tschechoslowakei kehrten zwischen 150.000 und 200.000 Wiener Tschechen und Slowaken wieder heim. Die anderen assimilierten sich. Heute stammt ein gutes Drittel der Wiener Bevölkerung von Zuwanderern aus Böhmen, Mähren und der Slowakei ab.

Viele große Rapid-Spieler der ersten Jahrzehnte hatten tschechische Vorfahren. Das Gleiche gilt für frühe Förderer und Funktionäre des Vereins, zum Beispiel die Gastwirtsfamilien Kochmann und Holub. Die Gastwirtschaften erfüllten damals wichtige Funktionen, zum einen waren sie Treffpunkt, zum anderen aber auch Klublokal und sogar Umkleidekabine in Ermangelung eigener Räumlichkeiten.

Vor ein paar Jahren fiel mir das *Große Rapid Buch*, geschrieben vom ehemaligen Kurier-Journalisten Günther Allinger aus dem Jahr 1969 in die Hände – ein großartiges Buch, aus dem auch weiter oben bereits zitiert wurde. Karl Schediwy, damals stolze 87 Jahre alt, erzählt darin von einem Spiel in der Anfangszeit gegen den Hernalser FAK Vorwärts. „Wir haben doch auf der Schmelz gespielt, net wahr. Na, und eines Tages haben wir gesagt, besuchen wir doch einmal den Vorwärts in Hernals. Wir sind hingegangen, bitte, wir waren nur neun Leute und es haben auch nur neun Leute gespielt. Und zwar ist das Spiel 1:1 ausgegangen. Das Retourmatch war dann bei uns. Auf der Schmelz. Wir haben damals zehn Spieler gehabt. Es war ein Sonntag. Und da haben wir irgendeinen Menschen aufgenommen. Als elften Spieler. Er hat nichts mitgebracht als vier gesunde Gliedmaßen. Jetzt haben wir ihn erst in die Regeln eingeweiht. Das Wichtigste ist, haben wir ihm eingetrichtert (es war noch am Vormittag), das Wichtigste also ist, dass wir den Ball in das Tor hineinbringen. Na, der gute Mann, am Nachmittag hat er ja diese Regeln schon alle vergessen gehabt. Nur das hat er sich noch gemerkt, dass der Ball zwischen die Pfosten durchgehört. Er hat Back gespielt. Also, wir wollen einen Angriff aufbauen, zu allem Unglück kommt der Ball zu diesem Menschen. Er hat gewusst, er muss ihn zwischen … da hat er ihn in unser Tor hineingeschossen. Er hat ja vorher nicht gewusst, in welches er schießen soll."

Das Spiel endete 3:3.

Die ersten Jahre waren sportlich gesehen sehr schwer, der Arbeiter Fußball-Club war nicht mehr als ein Prügelknabe für die Konkurrenz. Also strebte man nach Veränderung. Als Erstes wurde ein neuer Name gefunden. Auf Initiative des Vereinssekretärs Wilhelm Goldschmidt wurde der Klub in Sportclub Rapid umbenannt. Entweder wollte man den Titel „Arbeiterverein" loswerden, schließlich galten der Obrigkeit alle Vereine, die das Wort „Arbeiter" im Namen hatten, als potenziell verdächtig, oder man orientierte sich einfach am Berliner Fußballklub BFC Rapide 93 Niederschönhausen, seinerzeit Gründungsmitglied des DFB. Eine hundertprozentige Sicherheit seitens der Geschichtsschreibung gibt es nicht. Die Umbenennung wurde auf der Generalversammlung vom 8. Jänner

1899 beschlossen. Dieses Datum gilt somit als Gründungsdatum des heutigen SK Rapid. Goldschmidt, der jüdischer Abstammung war, wurde Jahrzehnte später von den Nazis deportiert und starb 1942 in einem KZ.

Der Änderungen nicht genug, übersiedelte man 1903 vom Exerzierfeld auf einen nahegelegenen Pachtgrund, der sich neben dem heutigen Meiselmarkt befindet. Den Platz erhielt Rapid-Obmann Gössnitzer von der Gemeinde Wien zu einem geringen Zins. Der Höhenunterschied zwischen einem Tor und dem anderen soll zwar bei über einem Meter gelegen haben, aber Rapid hatte endlich einen eigenen Sportplatz. Das erste Spiel bestritt man dort im Frühjahr 1903 im Rahmen des Challenge Cups. Am 15. März 1903 verlor Rapid gegen Graphia Wien mit 0:3 nach Verlängerung.

Auch der Ursprung der Rapid-Viertelstunde, für die der SCR bekannt ist, ist wahrscheinlich hier zu finden. Die Kirchturmuhr am Kardinal-Rauscher-Platz lag ganz in der Nähe und läutete somit immer die letzte Viertelstunde des Spiels ein. Mittlerweile ist der Platz längst verbaut, aber wenn man dem Straßenverlauf der Hütteldorferstraße und der Selzergasse folgt, kann man noch erahnen, wo die erste Rapidanlage stand.

Mit dem neuen Rapidplatz ging es auch sportlich erstmals bergauf. Im selben Jahr gewannen die Blau-Roten die Meisterschaft der zweitklassigen Vereine und stiegen auf. 1906 wurden die Klubfarben geändert. Seitdem spielt Rapid in erster Linie in Grün und Weiß. Die Gründe für die Änderung der Farben sind nicht ganz klar. Eine Möglichkeit ist, dass man sich am Rudolfsheimer Stadtwappen orientierte, auf dem grün und weiß dominieren, oder aber man nahm sich die grüne Signalfarbe der Straßenbahnlinie zum Vorbild. Zur damaligen Zeit hatten die Straßenbahnen nämlich noch keine Nummern, sondern waren durch Farben gekennzeichnet. Diese Variante hätte etwas Romantisches, schließlich verbindet heute die Straßenbahnlinie 49 alle wichtigen Stationen der langen Rapid-Geschichte.

1907 konnte man es sich leisten, eine kleine Tribüne und ein Klubhaus samt Umkleideräumen zu bauen.

Bis 1910 spielte Rapid auf dem Rudolfsheimer Sportplatz. Der Pachtvertrag wurde schließlichvon der Gemeinde Wien gekündigt, da die südlichen und östlichen Teile der Schmelz ab 1911 zur Bebauung freigegeben wurden. Damit begann notgedrungen ein neues Kapitel in der Vereinsgeschichte. Neuer Rapidplatz wurde zwei Jahre später die Pfarrwiese.

…

Vor einem Jahr war Präsident Krammer noch vorgeprescht und hatte den Titel als Meisterschaftsziel ausgegeben. Dieses Jahr gab man sich nicht ganz so großspurig und schien erkannt zu haben, dass ein neues Stadion noch lange keine Tore schießt. Eine Platzierung unter den Top 3 plus das erneute Erreichen des Cupfinales in Klagenfurt wurden als Saisonziele ausgegeben.

Gegen die Burgenländer waren die drei Punkte eigentlich fix eingeplant. Trotz einer roten Karte nach 20 Minuten für Stürmer Joelinton gingen wir mit 2:0 in Führung. Vielleicht lag es an der Hitze, vielleicht an der roten Karte, vielleicht aber auch am eigenen Unvermögen, das uns schon in der letzten Saison etliche Punkte gekostet hatte. Am Ende stand es 2:2. Ausgerechnet der Ex-Rapidler Maierhofer erzielte den Ausgleich.

Ein sogenannter Auftakt nach Maß schaut anders aus.

Bimbo-Binder-Promenade 9

St. Pölten ist 2016 in die Bundesliga aufgestiegen und war davor zuletzt in den Neunzigern in der obersten Spielklasse vertreten. Das Stadion in der niederösterreichischen Landeshauptstadt ist erst ein paar Jahre alt und architektonisch etwas eigenwillig. Zumindest hat man ein Dach überm Kopf, das ist in österreichischen Stadien ja, bei Gott, kein Standard.

Gespielt wird an der Bimbo-Binder-Promenade. Franz „Bimbo" Binder ist eine der größten Legenden des SK Rapid, und er stammt aus St. Pölten.

...

Von 1930 bis 1949 spielte Binder bei Rapid. „Na, groß san S' ja! Aber können S' auch Fußball spielen?" fragte Trainer Edi Bauer den damals Neunzehnjährigen, als er vorgestellt wurde. Der legendäre Sektionsleiter (Generalmanager würde man heute dazu sagen) Dionys Schönecker, auf den ich später noch eingehen werde, wurde auf der Suche nach einem neuen Stürmer in St. Pölten fündig und holte den schussgewaltigen Sturmtank vom ASV Sturm 19 St. Pölten nach Hütteldorf. Trotz kleiner Anlaufschwierigkeiten wurde Binder zwischen 1935 und 1948 sechs Mal österreichischer Meister bzw. Gaumeister und einmal österreichsicher Pokalsieger mit Rapid. Sechs Mal wurde er zudem österreichischer Torschützenkönig. Binder war Kapitän der Mannschaft, die nach dem Anschluss 1938 zuerst deutscher Pokalsieger und 1941 Deutscher Meister wurde.

In jene Zeit fällt auch die Geschichte mit dem zerfetzten Tornetz, die Binders Sohn, Franz Binder jun., in der Biografie über seinen Vater erzählt: „Diese Geschichte habe ich oft von meinem Vater gehört, aber er war auch fair genug zuzugeben, dass er ein intaktes Tornetz nie hätte durchschießen können ... Rapid wurde ein Freistoß zugesprochen. Bimbo legte sich die Kugel auf, lief an, traf richtig, und wie eine Granate durchschlug der Ball das Netz. Der Schiedsrichter wollte schon Torabstoß geben, als ihn der Rapid-Kapitän und andere Spieler aufforderten, sich doch das Netz anzusehen. Tatsächlich fand sich ein frisches Loch, und Binder erhielt den Treffer zugesprochen ... Es ist heutzutage völlig unmöglich, ein Kunststoffnetz mit einem Fußball zu durchschießen. 1940 waren

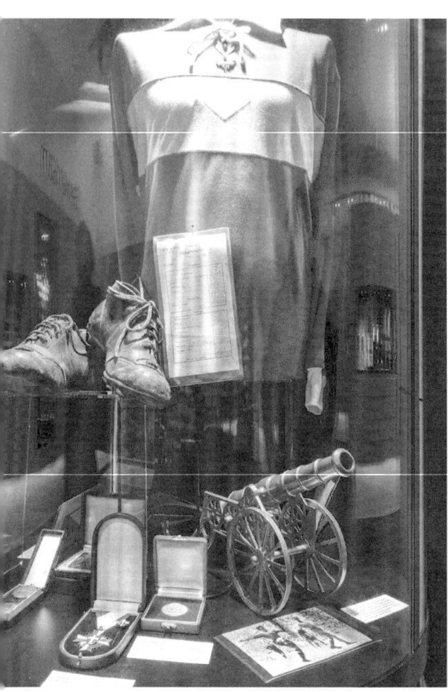

Der Binder-Schrein im Rapideum. Der Gehaltszettel aus dem Jahr 1936 (neben den Schuhen) gibt Auskunft: Monatsgehalt (nach Abzügen) 132 Schilling.

die Tornetze noch aus geflochtenem Hanf. Wenn diese schon ein wenig altersschwach, morsch und fest gespannt waren, dann konnte es durchaus vorkommen, dass eine Bimbo Bombe das Tornetz durchschlug."

Seinen Spitznamen Bimbo erhielt er der Legende nach bei einem Kinobesuch in Marseille auf der Rückreise von einer Tournee in Afrika. Ein großer, sehr schneller Schwarzer namens Bimbo spielte die Hauptrolle im Spielfilm „Der Wirbelwind". „Schau di an, der rennt genau wie unser Langer", war man sich in der grün-weißen Reisegruppe einig, und schon wurde aus Franz Binder „Bimbo" Binder.

Viele Mythen ranken sich noch heute um den 22. Juni 1941, den Tag des Endspiels um die Großdeutsche Meisterschaft, derselbe Tag, an dem die deutsche Wehrmacht die Sowjetunion angriff. 95.000 Zuschauer drängten sich bei glühender Hitze im weiten Rund des Berliner Olympiastadions.

Der „Schalker Kreisel" führte gegen die „Wiener Schule" zur Halbzeit mit 2:0. Binder verschoss einen Elfmeter. In den zweiten 45 Minuten erhöhten die Knappen kurzzeitig sogar auf 3:0. Dann aber kam Rapid auf. Es war das vielleicht größte Spiel in der Geschichte des Klubs, ganz sicher aber das größte Spiel des Bimbo Binder. Mit einem Hattrick innerhalb von 18 Minuten schoss er Rapid zu einem sensationellen 4:3 Finalsieg.

In den folgenden Monaten holte der Kriegsalltag aber auch den Sportklub Rapid und Bimbo Binder ein. Viele Spieler wurden einberufen. Binder kam als Sanitätskraftfahrer zunächst an die Ostfront, bevor seine Einheit in die Normandie nach Frankreich versetzt wurde. Im Mai 1945 kam er auf dem Rückzug von der Front in Bayern in amerikanische Gefangenschaft. „Für meinen Vater war der Krieg damit endlich zu Ende. Die Verpflichtung zum Wehrdienst hat Bimbo fast vier Jahre seiner Fußballkarriere gekostet. Vom Dezember 1941 bis Oktober 1945 konnte er nur sechs Spiele für Rapid bestreiten", erinnert sich Franz Binder jun.

Das historische Finale von 1941 führte übrigens Jahrzehnte später zur Aufarbeitung der Geschichte des Vereins im Nationalsozialismus. Im Juli 2009 empfing Rapid im Rahmen der Feiern zum 110-jährigen Bestehen abermals den Finalgegner von damals. In diesem Zusammenhang wurden kritische Stimmen laut, die die unreflektierte Bezugnahme auf den Deutschen Meistertitel 1941 infrage stellten und eine Diskussion des historischen Kontextes forderten. Präsident Rudolf Edlinger reagierte und gab beim Dokumentationsarchiv des österreichischen Widerstandes (DÖW) eine Studie zur sportlichen und politischen Geschichte des SK Rapid in den Jahren 1938–1945 in Auftrag. Der SK Rapid war damit der erste österreichische Bundesligaklub, der seine Rolle während des Nationalsozialismus aufarbeitete. Die daraus entstandene Publikation „Grün-Weiß unterm Hakenkreuz" gehört zur Pflichtlektüre jedes Rapidfans.

Im Rahmen der Forschungsarbeit stellte sich interessanterweise heraus, dass viele der Erinnerungen aus dem Fußballkontext nach 1945 auch in das offizielle Geschichtsbild eingeflossen waren, das Österreich später über die eigene Rolle im Nationalsozialismus entwickelt hatte. So zum Beispiel die Erzählung von der angeblichen „Bestrafung" der Rapid-Spieler für ihren Sieg in der Deutschen Meisterschaft 1941 durch Versetzung an die Front. Diese Interpretation wurde offenbar spätestens in der Nachkriegszeit, vielleicht sogar schon während des Kriegs, kolportiert und stützte die Vorstellung von Österreich in der Opferrolle.

Binder indes bestritt sein letztes Spiel für Rapid auf einer sechswöchigen Tournee durch Brasilien im Sommer 1949. Schon ab 1946 war er Sektionsleiter und somit verantwortlich für die Fußballabteilung des Klubs. Auch in seiner zweiten Karriere bei Rapid war er außerordentlich erfolgreich, denn als Funktionär beherzigte er offenbar dasselbe Motto wie als Spieler unter Dionys Schönecker:

Alles geben für Rapid! Mit Gespür und einem Blick für Talente baute er gemeinsam mit seinem Freund und ehemaligen Mitspieler Hans Besser als Trainer ab 1948 die große Rapid-Mannschaft der Fünfzigerjahre auf. Leider verließ er 1952 seinen geliebten Verein nach Streitereien mit einigen Funktionären.

In den Folgejahren zog es ihn als Trainer nach Deutschland (Jahn Regensburg, 1. FC Nürnberg, 1860 München) bzw. in die Niederlande, wo er den PSV Eindhoven für zwei Jahre trainierte. In der Saison 1974/75 kehrte er als Betreuer nach Hütteldorf zurück und wurde noch einmal Cupsieger.

Eine der größten Rapid-Legenden starb am 24. April 1989 nach einem Lungeninfarkt. Er liegt, genauso wie Dionys Schönecker und viele andere große Rapidler, auf dem Baumgartner Friedhof begraben (Gruppe 30, Nr. 11), in Sichtweite zum Weststadion.

…

Einen Stürmer vom Format eines Bimbo Binder hätte Rapid auch an jenem heißen Sommerabend in Niederösterreich gebraucht. Den zunächst harmlosen Gastgebern ist man weit überlegen, aber mit dem Tore Schießen hapert es. Nach 2:0 Führung für die Grünen verkürzen die St. Pöltner auf 1:2 und manch einem schwant schon Böses, aber Rapid kann eine kurze Schwächephase übertauchen und schießt am Ende sogar noch zwei Tore. 4:1 Auswärtssieg!

Derby I: Horrorshow in Hütteldorf

Derby ist Krieg, ja eh, aber dazu später mehr. Zuerst geht's mal um die Tradition und die Geschichte dieses Spiels, das man immer, wie in jeder anderen Stadt auch, getrennt vom Rest der Meisterschaft betrachten sollte – auch wenn wir über die Saison verteilt vier Mal gegeneinander antreten. Ein Derbysieg zur richtigen Zeit kann eine ganze Saison retten bzw., wie wir noch sehen werden, auch das Gegenteil davon bewirken.

Anfänglich deutete auf die große Unversöhnlichkeit zwischen den beiden Klubs gar nichts hin. So eine Rivalität muss schließlich erst wachsen. Dreht man die Zeit um 100 Jahre zurück, erkennt man sogar, dass Mitglieder der bereits erwähnten Familie Lowe nicht nur Geburtshelfer des 1. Wiener Arbeiter Fußball-Club waren: Percy Lowe und andere abtrünnige Cricketer waren es auch, die 1911 den Wiener Amateur-Sportverein ins Leben riefen, einen Vorläuferverein der heutigen Wiener Austria. Die Amateure waren auch eingeladen, als die Pfarrwiese 1912 mit einer Doppelveranstaltung eingeweiht wurde. Aber Rapid war in jenen frühen Jahren den späteren Austrianern auch zu sehr überlegen, als dass diese eine ernsthafte Konkurrenz hätten sein können. Rapid gewann fünf der ersten acht Meisterschaften, während die Amateure über Platz 4 nie hinauskamen.

Die schärfsten Rivalen Rapids hießen damals WSC (Wiener Sport-Club), FAC (Floridsdorfer Athletiksport Club) und WAF (Wiener Association Footballclub). Letzterer hatte sich 1920 vom noblen WAC (Wiener Athletiksport-Club) abgespalten, der im 1. Bezirk residierte. Er galt als Klub der Wiener Aristokraten und trug seine Spiele im Prater aus. Der WAF aber spielte gleich neben der Pfarrwiese, vis-à-vis vom Hütteldorfer Bahnhof. Beide Plätze wurden im Frühjahr 1912 eröffnet, ihr Architekt war der Ingenieur Eduard Schönecker, Bruder von Dionys Schönecker. Schon im Oktober 1911 berichtete das Illustrierte Sport-Blatt unter dem Titel „Hütteldorf, ein neues Fußballzentrum": „Im kommenden Frühjahre werden in Hütteldorf zwei erstklassige Fußballplätze existieren: WAF und Rapid haben in einer Entfernung von vielleicht 100–150 m voneinander ihre Heime aufgeschlagen."

Der WAF wurde 1914 Meister. Zehn Jahre später musste er aber die Anlage in der Rettichgasse verlassen. Als Ersatz bekam er von der Gemeinde einen neuen Platz im 20. Bezirk zugewiesen.

Die allererste Begegnung zwischen Rapid und den Amateuren erlebte Wien von daher weitestgehend unbeachtet am 14. Mai 1911. Auf dem Platz des WAC im Prater siegte Rapid 3:0. Überreste des alten WAC-Platzes in der Rustenschacher Allee kann man heute noch erkennen.

Im selben Jahr begann auch die erste Meisterschaft, die zwischen elf Vereinen aus Wien und Niederösterreich ausgetragen wurde. Im September 1911 wurde die erste Runde gespielt. Rapid schlug die Amateure auf ihrem Ausweichplatz im Prater klar mit 4:1. Es dauerte ganze sechs Jahre, bis die Amateure 1917 das erste Meisterschaftsspiel gegen Rapid gewinnen konnten. Die erste Heimniederlage gegen die Amateure, die damals schon in Violett aufliefen, gab es auf der Pfarrwiese, auf die ich später noch eingehen werde, erst 1918.

Bis 1945 spielten die Amateure/Austria aufgrund der Unbespielbarkeit des eigenen Platzes übrigens sechzehn Mal ein Heimspiel auf der Pfarrwiese.

In den Jahren vor und nach dem Ersten Weltkrieg wuchsen auch die ersten großen Spielerpersönlichkeiten heran, die am Anfang der großen Rapid-Erfolgsgeschichte standen, zum Beispiel die Stürmer Richard Kuthan (1891 – 1958) und Josef Uridil (1895 – 1962) oder der Linksaußen Leopold Nitsch (1897 – 1977), der Rapid Jahre später als Trainer zur Großdeutschen Meisterschaft führte.

In den folgenden Jahren und Jahrzehnten wurden Rapid und die Amateure, die ab 1926 unter dem Namen Austria auftraten, zu den größten Rivalen im Wiener Fußballpanorama. Ab 1928 sprach man vom Derby, einem Begriff, den man aus dem Pferdesport übernommen hatte. Nach dem Ersten Weltkrieg war der Fußball zum Zuschauermagnet geworden. Immer wieder mussten Begegnungen ins Stadion auf der Hohen Warte verlegt werden, wo damals bis zu 80.000 Zuschauer Platz fanden. Die Pfarrwiese, auf die Rapid 1912 übergesiedelt war bzw. der Amateur-Platz in Ober St. Veit, auf dem die späteren Violetten von 1914 bis Anfang der 1930er Jahre spielten, waren schlichtweg zu klein für das große Zuschauerinteresse. In Döbling ging am 3. Juni 1923 bereits das erste Derby in Szene, das

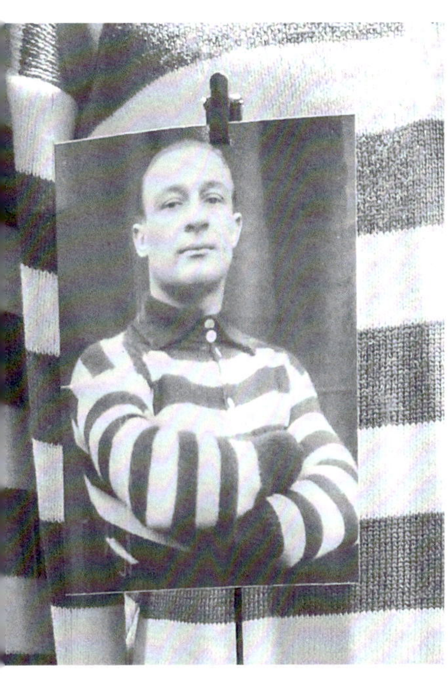

Josef Uridil (1895–1962) verkörperte den typischen Vorstadtfußballer: robust und unerschütterlich.

nicht bis zu Ende gespielt wurde. Nach dem Ausschluss von Ferdinand Wessely trat Rapid ab und das Match wurde mit 3:0 für die Amateure gewertet.

In der Zwischenkriegszeit entstanden viele Stereotype und Vorurteile, die teilweise bis heute Bestand haben, obwohl sie natürlich historisch längst überholt sind. Rapid als Verein der Arbeiterschaft gegen die von reichen Juden unterstützte Austria. Working Class Fußball vs. nobles, jüdisches Bürgertum mit Verbindungen zu Intellektuellenkreisen. Rapid unterhielt eine Box- und eine Leichtathletiksektion, während die Austria eine Schachsektion gründete. Bei Rapid stürmte in den 1920er Jahren der bullige Josef Uridil, bei der Austria hingegen tanzte in den Dreißigern der „Papierene" Matthias Sindelar übers Feld. Beide waren Söhne von Immigranten, die aus Böhmen nach Wien gekommen waren.

Josef Uridil wurde 1895 als Sohn eines Schneiders im Arbeitervorort Ottakring geboren. Er war der Inbegriff des Arbeiter-Fußballers, der niemals aufgab, nach Fouls immer wieder aufstand und eisern weiterkämpfte. Man nannte ihn „Tank" – hier wirkten die Erinnerungen an die Erlebnisse im Ersten Weltkrieg nach. Ein Typ, wie er auch ins Ruhrgebiet oder zu nordenglischen Vereinen gepasst hätte – in Wien galt er als Verkörperung des Rapidstils.

Interessant ist, dass Uridil schon in den frühen Zwanzigerjahren wie eine Art Fußball-Popstar vermarktet wurde. Er war nicht nur Werbeträger (Reklame für Limonade und Bonbons), es erschien auch seine Biografie, sein Werdegang wurde in einer Ausstellung gewürdigt, er bekam eine Filmrolle („Pflicht und Ehre" hieß der Streifen von Alfred Deutsch) und Hermann Leopold schrieb 1922 den Gassenhauer „Heute spielt der Uridil".

Der acht Jahre jüngere Matthias Sindelar war ein in jeder Hinsicht entgegengesetzter Spielertypus. Während Uridil unbeirrbar wie ein Panzer auf dem Feld agierte, wurde Sindelars Spielweise mit dem Schachspiel verglichen! Und wo Uridil Gegenstand populärkultureller Inszenierung und Verehrung wurde, avancierte Sindelar zum Liebling des Feuilletons, das sich in geistreichen Formulierungen an ihm abarbeiten konnte.

Insofern scheint die Rivalität zwischen Rapid und der Austria schon seit den Zwanzigerjahren stets auch Thema medialer Inszenierung gewesen zu sein. Zumindest befeuerte die seinerzeit boomende Sportpresse diese Konkurrenz, um die Auflage zu steigern.

Beim Versuch einer gesellschaftlichen Verortung der beiden Antipoden Rapid und Austria fallen die Schlagworte „Vorstadt“ und „Kaffeehaus“, zum Beispiel in dem Buch *Der Wiener Fußball und seine Zuschauer 1945–1990:* „Die Vorstadt als scheinbar unerschöpfliches Reservoir von Spielern, aber auch als Ort der meisten Fußballplätze und Heimstätte der großen Masse der Fußballzuschauer; das Kaffee als Treffpunkt von Spielern, Anhängern, Funktionären, aber auch als literarische Figur, als Metapher für das genialisch-schlampige des Wiener Fußballs. Beide Momente finden sich idealtypisch in den großen historischen und aktuellen Fußballrivalen Austria und Rapid verkörpert … Schon 1927 heißt es in einem Artikel im ‚Illustrierten Sportblatt‘ über den Sport-Club Rapid: Sie haben ihr Publikum (…) noch nie enttäuscht, denn sie geben sich nie geschlagen und kämpfen bis zum Schlusspfiff. Ihr Spielermaterial beruht fast ausschließlich auf Eigenbau, die Vereinsführung ist erprobt konservativ und abenteuerliche Geschäftspolitik ist dort fremd. Rapid wurzelt in der Bevölkerung und vernachlässigt den heimischen Boden

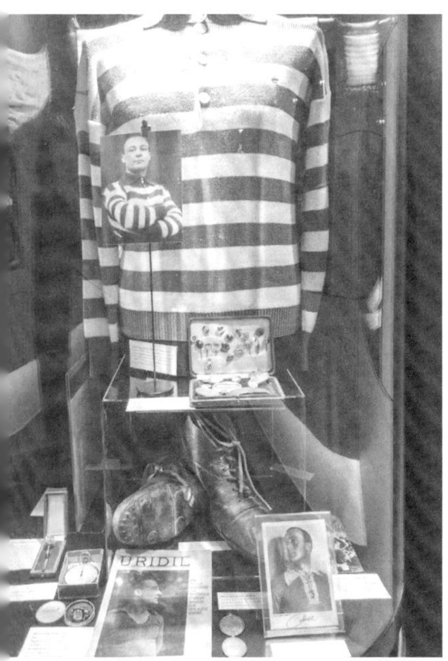

Die Josef Uridil gewidmete Vitrine im Rapideum.

nie. Die Grün-Weißen sind ein Vorstadtklub im besten Sinne des Wortes." Als typische Qualitäten des Vorstadtklub-Spielers galten Entschlossenheit bis zur Verbissenheit, bedingungsloser Einsatz und unbedingter Siegeswille, außerdem Bescheidenheit, die stets den Erfolg der Mannschaft über den eigenen Ruhm stellte. Mit einem Wort: der oft beschworene Rapid-Geist!

Interessant, dass die angesprochenen Kämpferqualitäten auch schon damals bei den Rapid-Anhängern zu beobachten waren. Tatsächlich sind aus jener Zeit bereits die ersten Ausschreitungen überliefert. „Die Anhänger, vor allem unsere geistigen Ahnen des Fanatismus in grün-weiß, die von der Presse so bezeichneten Rapidtiger aus dem Rapid Eck auf der Westrampe der Pfarrwiese, standen den Spielern auf dem Rasen in nichts nach, und es kam immer wieder zu Ausschreitungen. Im Herbst 1928 bewarfen sie Schiedsrichter und Austrianer auf der Pfarrwiese mit Steinen, nachdem sich Rapids Außenstürmer Basic bei einem ungeahndeten Foul einen Unterarmbruch zugezogen hatte", schreibt Domenico Jacono in Block West Echo der Ultras Rapid (#38, 2016).

Der Anschluss Österreichs an das Deutsche Reich am 12. März 1938 änderte dann alles. Die Austria traf es als „Judenklub" viel härter als Rapid, aber lediglich auf Vorstands- und Funktionärsebene. Der komplette jüdische Vorstand wurde gleich nach dem Anschluss aus dem Verein ausgeschlossen und in der Folge vertrieben oder später deportiert. Eine gänzliche Ausradierung der Austria (wie bei Hakoah Wien geschehen) fand nicht statt.

Die Rapid-Spieler wurden nach und nach zur Front eingezogen. Im September 1938 verstarb zudem unerwartet Dionys Schönecker. Sein langjähriger Weggefährte Leo Schidrowitz, der jüdischer Abstammung war, hatte sich schon zuvor nach Südamerika absetzen müssen. Schidrowitz, der u.a. als Verleger und Autor arbeitete, schrieb einige Festschriften über den SCR und kehrte nach dem Krieg nach Wien zurück. Er arbeitete für den ÖFB als „Propagandareferent" (heute würde man wohl von einem Mediendirektor sprechen) und starb 1956.

...

„Ich fühle mich so, als ob wir 0:3 verloren hätten," meint Rapid-Trainer Djuricin nach Spielende. Vorausgegangen war wieder einmal ein für unsere Verhältnisse sehr hektisches Derby, das weit länger als 90 Minuten dauerte. Rapid ließ der Austria bis knapp vor der Rapid-Viertelstunde kaum eine Chance und führte verdient 2:0. Anstatt aber den FAK in ein Debakel zu schießen, bekamen wir, wie schon in den beiden vorangegangen Saisonspielen, den 1:2 Anschlusstreffer und gerieten dann wieder in heillose Panik. Der 2:2 Ausgleich durch Elfmeter war fast die logische Folge. Kein Wunder, dass am Ende die Emotionen durchgingen. Einer der Austria-Spieler sah sich nicht imstande, einen Corner vor dem Block West zu treten, da er mit allerlei Wurfgeschossen eingedeckt wurde. Bei einem Derby kann man nicht objektiv bleiben. Wenn der Holzhauser zum Eckball antritt, kann man schon mal durchdrehen – auch wenn das Reinschmeißen von irgendwelchen Sachen nicht wirklich was mit Ultras zu tun hat. Aber darüber gehen die Meinungen vielleicht auseinander.

Der Schiedsrichter schickte daraufhin, und das war bis dato unüblich in Österreich, beide Mannschaften erstmal runter vom Feld. Nach ein paar Minuten Unterbrechung wurden die letzten zehn Minuten zu Ende gespielt.

In den folgenden Tagen gingen die Wogen dann ziemlich hoch. Der Wiener Boulevard und auch so manche Qualitätszeitung drehten ziemlich am Rad und zerrten einen Rapid-Ordner („Pöbel-Ordner“, wie ihn die Zeitung nannte) ins Rampenlicht der Öffentlichkeit. Ziemlich zum Speiben, die ganze mediale Aufbereitung.

Es ist schon viel Ärgeres im und rund um den Block West passiert, weshalb man die paar geflogenen Fahnenstangen nicht überbewerten sollte, auch wenn sie natürlich unnötig waren. Das Prinzip ist aber immer das gleiche: Es ist dieser Fanatismus, der dazu führt, dass Rapid die meisten Abos verkauft und sowohl zu Hause als auch auswärts die meisten Fans anlockt. Es ist auch diesem Fanatismus geschuldet, wenn hunderte Arbeitsstunden und tausende Euro in die größten Choreografien investiert werden. Es liegt aber auch an diesem Fanatismus (die Grenze zur Dummheit ist zugegebenermaßen oft sehr gering), wenn es ab und zu scheppert. Rapid und der Block West sind in den letzten 20 bis 25 Jahren zu einem großen Ganzen verschmolzen. Der Verein würde ohne seine Kurve wohl viel an Strahlkraft verlieren. Dessen ist man sich auch in der Keißlergasse bewusst und toleriert deshalb wohl die negativen Schlagzeilen, solange es in einem gewissen Rahmen bleibt. Dazu passt ein Artikel im Kurier ein paar Tage später über die neueste Umfrage des Fußball-Monitor, einer Studie über Fußballfans. „Vor dem Derby hat Rapid stolz darauf hingewiesen, dass der Status als Nummer 1 bei den Fans in Wien deutlich ausgebaut wurde. 2015 stand es 41:25 Prozent. Jetzt halten 45 % aller Fußball-Interessierten in der Hauptstadt zu Rapid, während die Austria auf das Allzeittief von 14 % abgestürzt ist … Eine Änderung der Fan-Politik, die nach dem Derby-Sonntag nicht nur die Austria vom Erzrivalen fordert, kommt für Peschek nicht infrage: ‚Wir wollen Fankultur, Atmosphäre, Emotionen – aber auch Grenzen. Das Werfen von Gegenständen bekämpfen wir, das ist klar.‘ “

Am Ende bekam Rapid eine Strafe von 30.000 Euro aufgebrummt. Sechs Unruhestifter, sprich Werfer, bekamen ein zweijähriges Stadionverbot auf Bewährung seitens des Vereins.

Es blieb ein Jammer, und damit sind wir wieder beim Sportlichen. Nachdem der SCR schon letztes Jahr beide Heimderbys verloren hat, warten wir im neuen Weststadion also nach wie vor auf einen Derbysieg.

13. August 2017, 4. Runde Meisterschaft, Admira Wacker – SK RAPID 3:1

Mit Bahn oder Zweirad: Highway to Hell in die Südstadt

Der Block West rief zum „2 Rad Corso“ in die nahe Südstadt auf. Ich für meinen Teil hab kein Zweirad und nahm daher mit der Badner Bahn vorlieb. Gefühlsmäßig tun wir uns gegenüber der SCS in Maria Enzersdorf immer sehr schwer und blamieren uns dort regelmäßig. Dieses Mal war es leider nicht anders, sogar noch ärger als sonst. Die Grünen brachten das Kunststück zusammen, schon nach einer Minute 0:1 hinten zu liegen. In der zweiten Halbzeit wurde es noch schlimmer. Nach dem 0:3 flogen ein paar Stangen und Bierbecher rein, was wieder zu einer Spielunterbrechung führte.

„Geh bitte, früher ist viel mehr reingeflogen und es war allen wurscht“, dachte ich mir, wie ich in der Südstadt stand. Mittlerweile wird aber auch in Österreich der sogenannte „Drei-Stufen-Plan“ der UEFA umgesetzt. Will heißen, zuerst gibt es eine Stadiondurchsage, die in der Regel ignoriert wird, dann wird die Partie unterbrochen, was zweimal hintereinander passiert ist. Eine dritte Verfehlung hätte schlussendlich den Spielabbruch zur Folge gehabt.

Dass Rapid-Spieler Murg in der Schlussphase noch den Linienrichter im wahrsten Sinne des Wortes abschoss und dafür glatt Rot sah, passte dabei ebenso ins Bild wie Trainer Djuricin, der nach Spielende einen Admira-Betreuer bespuckte oder auch nicht, ganz so einig war man sich da anfänglich nicht.

Rapid taumelte wie ein angeschlagener Boxer durch den Ring und schien nicht mehr Herr der Lage zu sein. Die paar Becher oder Plastikstangen schienen da noch das kleinere Problem zu sein.

Bei Rapid ist es ja so: Seit der Ära Edlinger (Präsident von 2001 bis 2013) stellte sich der Verein gern als gallisches Dorf dar, das wahlweise gegen den „modernen Fußball“ (zuerst die Austria unter Frank Stronach, dann Red Bull Salzburg) oder die Bundesliga kämpfte. Das klappte über viele Jahre sehr gut, zwei Mal wurde man damit sogar Meister, es förderte darüber hinaus den Zusammenhalt der Fangemeinde und belebte den Rapid-Geist neu. Durch das neue Führungsduo Krammer/Peschek hat sich einiges geändert. Das gallische Dorf gibt es nicht mehr. Man spielt jetzt in einem neuen Stadion mit Sponsornamen und riesiger VIP-Tribüne, wo man nur mehr mit Karte bezahlen kann. Den Kampf gegen den „modernen Fußball" hat man also ad acta gelegt und durch das Streben nach höheren Zielen (Meisterschaft, Top 50 in Europa) ersetzt, die das sportliche Dienstpersonal offensichtlich nicht erreichen kann. Letztes Jahr war schon schlimm und die Herren der Klubführung agierten ziemlich planlos, was die Besetzung der Posten im sportlichen Bereich betraf. Dieses Jahr scheint es so weiterzugehen …

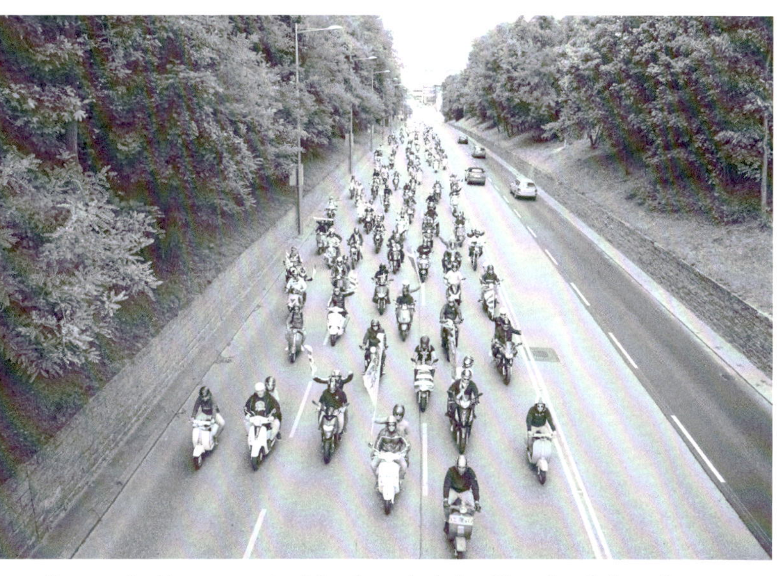

So manche Vespa musste sich schwer beladen über den Grünen Berg quälen.

19. August 2017, 5. Runde Meisterschaft, SK RAPID – Sturm Graz 1:2

Der Presse auf die Fresse

Gerade zur Unzeit kam der ungeschlagene Tabellenführer aus Graz nach Hütteldorf. Die Grazer bringen als einer der wenigen Vereine der Bundesliga an gscheiten Auswärtsmob mit. Es knisterte also wieder einmal im Westen Wiens. Mit einer gewissen Anspannung ging wohl jeder in dieses Match. Die wahren Verbrecher hier seid ihr – Journalisten Terroristen stand vor dem Spiel am Zaun des Block West zu lesen. Unglaublich, was da wegen ein paar fliegenden Bechern und Plastikstangen aufgeführt wurde. Es ist schon klar, dass man mit täglichen Horrorstorys über Rapid die Auflage erhöhen kann, aber deswegen muss man nicht wegen jeder Kleinigkeit den Weltuntergang heraufbeschwören. Medienkritik war also eigentlich eh mal wieder fällig, wenn man sich in den letzten Wochen durch den Boulevard gelesen hatte. Auch wenn das Timing zwei Tage nach den Terroranschlägen von Barcelona etwas unglücklich war, aber da war die ganze Choreo sicher schon fix und fertig gewesen. Wie immer, wenn bei Rapid Feuer am Dach ist, stürzten sich die Medien dann auch auf diese Geschichte. Die Vereinigung Österreichischer Sportjournalisten wandte sich in einem offenen Brief an das Rapid-Präsidium, Präsident Krammer distanzierte sich in aller Deutlichkeit und der Block West ließ die Journaille in einer Stellungnahme nochmals wissen, dass er sich nie dem medialen Druck beugen werde. Es ist so klar wie das Amen im Gebet. Rapid polarisiert immer. Wenn's sportlich nicht läuft, dann drehens alle durch und von allen Seiten bekommen Verein und Fans ihre Watschn. Da ist es nicht immer leicht, dagegen zu halten.

Der erhoffte Umschwung kam auch gegen Sturm nicht zustande. Rapid fand kein Mittel gegen starke Grazer. Das 0:1 schoss natürlich Deni Alar, den man bei Rapid vor ein paar Jahren nicht mehr haben wollte. Wenigstens hat er nicht gejubelt. Das 0:2 folgte bald nach Wiederanpfiff. Nach einem schön herausgespielten Anschlusstreffer keimte zwar wieder etwas Hoffnung auf, aber das sportliche Personal bringt zur Zeit einfach zu wenig zustande. Somit hielt der stolze SK Rapid nach fünf Runden bei ebenso vielen Punkten. Die Schwoazen aus Graz hatten als Tabellenführer schon zehn Punkte Vorsprung. Wenn man glaubt, es geht nicht schlimmer, dann belehrt einen Rapid leider immer wieder eines Besseren.

Auch auf der Tribüne konnten die Grazer punkten. Das Spruchband: JETZT NEU IM ZOO SCHÖNBRUNN ZU WIEN: DAS GRÜNE LAMA DJURICIN! sorgte durchaus für den einen oder anderen Schmunzler.

Mister Rapid

Um im historischen Kontext zu bleiben, ein kurzer Exkurs zu Mister Rapid, Dionys Schönecker, dessen Statue früher vor dem Rapideum stand und jetzt prominent vor dem Block West zu finden ist. Im Jahre 1906 kam der damals 18-Jährige zu Rapid. Vormals kickte er wie viele andere auf der Schmelzer Gstettn. Nach einem Jahr in der Reserve rückte der gelernte Schriftsetzer in die erste Mannschaft auf, für die damals auch sein Bruder Edi Schönecker spielte. Seine Spielerkarriere als Flügelstürmer verlief bescheiden. Die Kündigung des Rudolfsheimer Sportplatzes und die damit einhergehende Rapid-Krise waren seine große Chance. Er wechselte auf den Posten des Sektionsleiters und zauberte als Trainer im Herbst 1910 aus einer Truppe von Nobodys eine Mannschaft hervor, die Geschichte schreiben sollte. Bereits 1911/12, als die erste Meisterschaft für Wien und Niederösterreich ausgeschrieben war, hieß der Meister Rapid. Die erste von bisher 32 Meisterschaften.

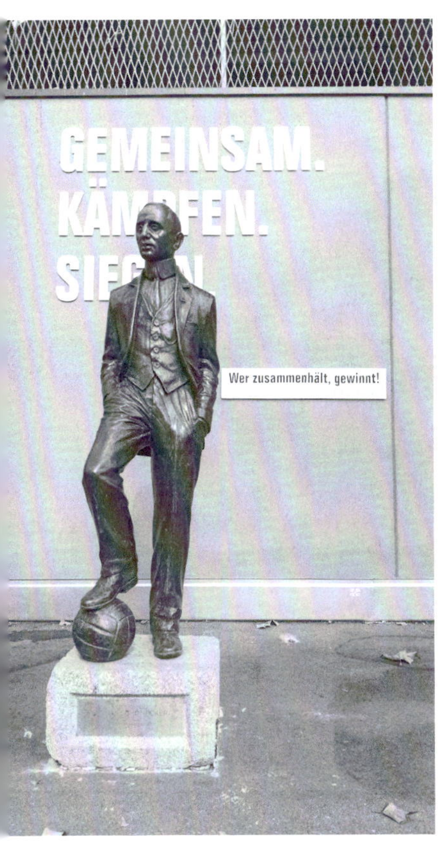

Seit 2011 steht die Statue von Dionys Schönecker vor dem Rapidstadion.

Eines der vorentscheidenden Spiele gegen den WAF, das im Herbst 1911 stattfand, beschreibt Helmut Lang in *RAPID!* sehr genau: „Der WAF war damals auf einer höheren Stufe des Könnens als wir. Aber die Mannschaft zeigte gewisse Alterserscheinungen, Rapid machte das Minus an Können durch eine unbeugsame

Begeisterung wett und siegte knapp mit 2:1. Die Sicherheitswache musste intervenieren. Die Rettung schaffte unseren Jech weg und draußen auf der Straße standen noch eine halbe Stunde nach dem Ende Tausende von Menschen. Schon senkten sich die Schleier der Dunkelheit herab, da blitzten die Scheinwerfer mehrerer Autos auf und erschöpft stiegen die angehenden Berühmtheiten – zum ersten Mal in ihrem Leben – in diese Wagen. Dutzende von Jungen hingen an den Trittbrettern und Rückwänden und wie sie langsam durch die Menschenmassen hindurchfuhren, brauste ein letzter gewaltiger Jubelsturm zum nächtlichen Himmel empor! Eine neue Epoche im Wiener Fußballsport hatte begonnen!“

Von den insgesamt 20 Partien gewann Rapid 15 und spielte einmal remis. 31 Punkte standen zu Buche. Das Torverhältnis lautete 64:31.

Wenn man so will, ist Rapid seit damals Rekordmeister, auch wenn man das bei der Austria anders sehen mag. Dieselbe Mannschaft sollte in den kommenden zehn Jahren sieben Mal Meister werden.

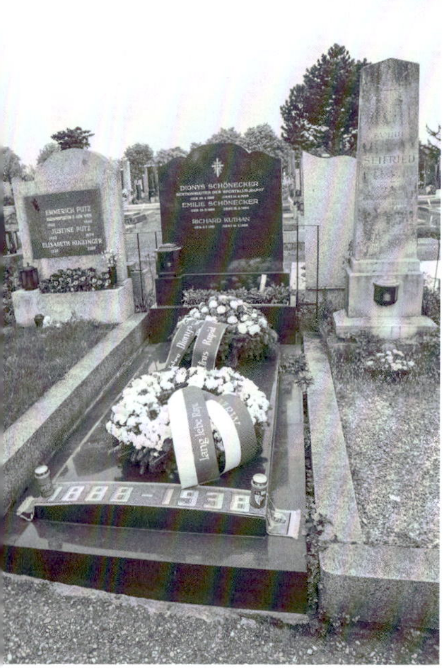

Grün-weiße Kränze zum 125. Geburtstag auf dem Schönecker-Grab (der hintere von Ultras Rapid).

Schöneckers Führungsstil war durchaus autoritär. Widerspruch wurde nicht geduldet. Disziplinäre Entgleisungen waren ihm verhasst. Er machte keinen Unterschied zwischen arriviertem Star und Nachwuchsspieler. Umtriebig und rastlos war er stets auf der Suche nach neuen Talenten. Somit war er nicht nur Sektionsleiter, Trainer oder Scout, sondern Mädchen für alles. Es hieß über ihn, er könne schreiben wir ein Journalist, verhandeln wie ein Diplomat und reden wie ein Volkstribun.

Für die Vielseitigkeit Schöneckers spricht wohl auch, dass er fast zehn Jahre hindurch als Trainer der Mannschaft fungierte, bis er das Amt an Edi Bauer übergab. Mit Unterbrechungen blieb er aber bis zu seinem plötzlichen Tod 1938 im Fußballverband tätig. Ohne seinen eigenen Verein zu verleugnen, galt er immer als jemand, der Verständnis für die Belange anderer Klubs zeigte und ebenso das Interesse der Allgemeinheit nicht aus den Augen verlor. Völlig unerwartet verstarb Schönecker am 14. September 1938 an den Folgen einer Bauchfellentzündung. Unter seiner 28-jährigen „Regentschaft" errang Rapid zwölf Meistertitel, drei Pokalsiege und gewann 1930 den Mitropa-Cup.

Der Mitropa-Cup – als Namensgeber fungierte eine Schlafwagengesellschaft, die als Sponsor auftrat – war der erste ausgetragene Cupbewerb in Mitteleuropa. Die Gründungskonferenz fand im Lido von Venedig im Sommer 1927 statt. Italienische Mannschaften spielten trotzdem erst zwei Jahre später mit. Vorangegangen war Mitte der 1920er Jahre die Installation des Profibetriebs in Österreich (eigentlich nur in Wien) und etwas später auch in Ungarn und der Tschechoslowakei. Um die neuen Profiteams finanziell zu unterstützen und der Wirtschaftskrise, die vor allem den industrialisierten Osten des Landes traf, entgegenzuwirken, erdachte der legendäre Hugo Meisl diesen Vorläufer des Europacups. Die teilnehmenden Mannschaften kamen ursprünglich aus Österreich, Ungarn, Jugoslawien, der Tschechoslowakei, später auch aus Italien, der Schweiz und Rumänien. Der jeweilige Landesmeister und ein zweiter Landesvertreter (für Österreich war das der Pokalsieger) waren teilnahmeberechtigt. Meisl, Jude, geboren in Böhmen und zeitweise auch im Vorstand der Amateure, war nicht nur Teamchef des Wunderteams, sondern gab dem Fußball überhaupt eine moderne Struktur und war darauf bedacht, ein wirtschaftliches Umfeld zu schaffen, in dem der Sport ausgeübt werden konnte. Der Mitropa-Cup erfüllte die in ihn gesetzten Erwartungen von Beginn an. Die Fußballanhänger strömten in Massen in die Stadien. Die teilnehmenden Vereine mehrten ihren Ruhm, für Österreich waren das in der ersten Runde die Admira und Rapid. „Der Mitropa-Cup hat den beteiligten Vereinen Admira und Rapid große sportliche und finanzielle Vorteile gebracht, aber auch die Eifersucht der anderen Klubs erregt", schrieb eine Wiener Sportzeitung 1928.

Man kann sicherlich behaupten, dass die Jahre zwischen dem Start des Mitropa-Cups 1927 und dem Anschluss Österreichs an das

Deutsche Reich 1938 die erfolgreichsten im Wiener Fußball waren. Das Spiel war geprägt von frühen ungarischen und tschechischen Einflüssen, hatte es aber geschafft, das Kämpferisch-Proletarische erfolgreich mit einem herausragenden technisch-bürgerlichen Stil zu verbinden.

Die Duelle im Mitropa-Cup während der Zwischenkriegszeit waren nicht nur Zuschauermagneten, sondern arteten teilweise in die Austragung nationaler Rivalitäten aus. Der Austrianer Friedrich Torberg schrieb in den *Erben der Tante Jolesch:* „Was ein richtiges Mitropa-Cup Match ist, muss auf der Botschaft zu Ende gespielt werden." Wahrscheinlich meinte er damit Spiele wie jenes Finalrückspiel zwischen Rapid und Sparta Prag vom 13. November 1927, das vor 40.000 fanatischen Zuschauern auf der Hohen Warte ausgetragen wurde. Sparta hatte das Hinspiel mit 6:2 gewonnen, nur ein Sieg mit fünf Toren Differenz hätte für Rapid jetzt noch den Cupsieg bedeutet. Walther Bensemann (deutscher Fußballpionier und erster Herausgeber des kicker) schrieb später darüber, er habe noch nie zuvor ein derart rüdes Spiel gesehen. Die Ausschreitungen der Wiener Zuschauer empfand er als Terror einer fanatisch erregten, sportlich undisziplinierten Menge. Rapid siegte am Ende schließlich nur 2:1. Sparta erhielt den Pokal unter Polizeischutz und unter lautstarkem Protest des anwesenden Publikums.

Rapid drang insgesamt dreimal bis ins Finale vor. 1930 traf man wieder auf Sparta Prag, gegen die man sich drei Jahre vorher noch geschlagen geben musste. Diesmal war die Ausgangslage eine andere: Rapid hatte in Prag 2:0 gewonnen und das Heimpublikum erwartete nun einen klaren Sieg über die Tschechen. Entsprechend deutlich zeigte es seine Enttäuschung über die 2:3-Niederlage, die für Rapid aber zum Titelgewinn reichte. Allein, den Pokal bekamen die Fußballanhänger nicht zu Gesicht, eine Übergabe auf dem Rasen war eingedenk der Erfahrungen von 1927 polizeilich untersagt worden. Die Trophäe wurde der Mannschaft in einem Turnsaal auf der Hohen Warte übergeben.

Mister Rapid liegt am Baumgartner Friedhof (Gruppe 21, Nr. 19) begraben. 1985 wurde am Flötzersteig, unweit des Stadions, die Schöneckergasse nach ihm benannt.

In memoriam Pfarrwiese

Nachdem man den Platz in Rudolfsheim verlassen musste, wurde Rapid in Hütteldorf fündig und konnte sich einen Platz von der hiesigen Pfarre pachten. Das Areal gegenüber dem alten Hütteldorfer Brauhaus gehörte eigentlich dem Salzburger Stift St. Peter, wurde aber von der Pfarre Hütteldorf verwaltet. Ingenieur Eduard Schönecker, Bruder von Sektionsleiter Dionys Schönecker, plante dort einen Sportplatz für anfänglich 4.000 Zuschauer. Verlässt man heute den Hütteldorfer Bahnhof linker Hand, kommt man nach 300 bis 400 Metern an die Stelle, wo die alte, berühmt-berüchtigte Pfarrwiese gestanden hat.

Die Bauarbeiten begannen im Herbst 1911. Die kleine Holztribüne, auf die ein paar hundert Leute passten, wurde vom alten Rudolfsheimer Platz mitgenommen, ansonsten gab es ringsum nur Böschungen und Anhöhen, die den Zuschauern aber einen guten Blick aufs Spielgeschehen ermöglichten.

Die Eröffnung fand am Sonntag, den 28. April 1912 statt. Rapid spielte zuerst gegen den WAC, die Amateure trafen danach noch auf die Cricketer. Obwohl der Platz ringsum sehr eingeschränkt und die ganze Anlage asymmetrisch war, wurde in den folgenden

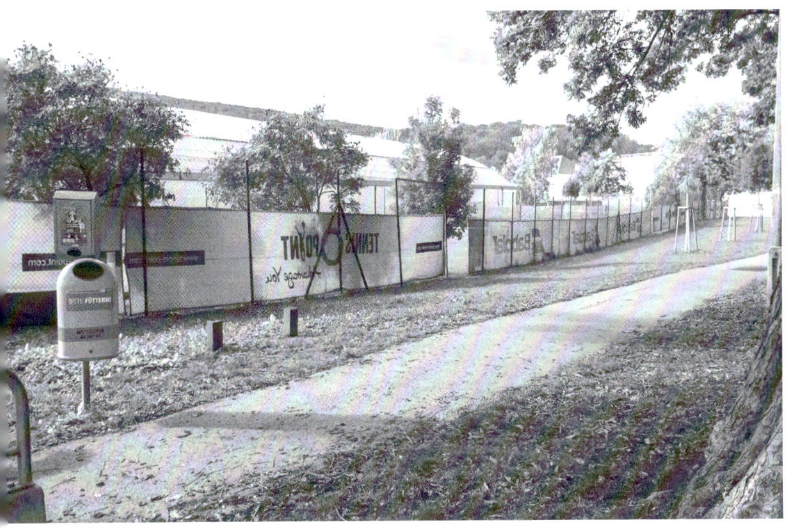

Von der alten Pfarrwiese ist heute nichts mehr zu sehen.

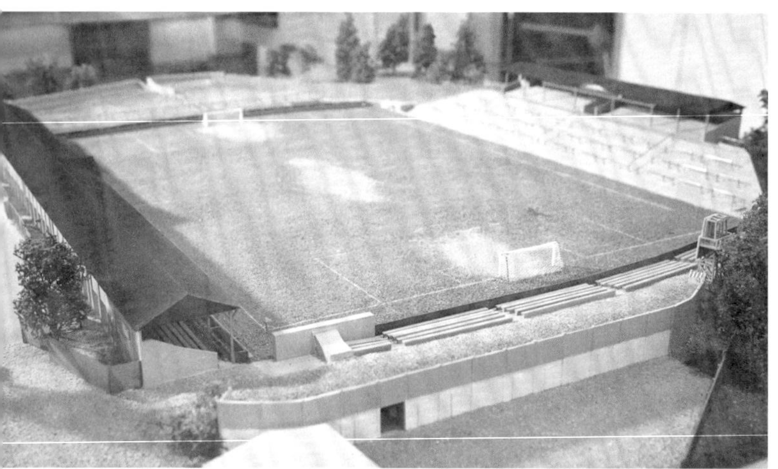

Modell der Pfarrwiese aus dem Rapideum …

zehn Jahren die Kapazität auf ein Fassungsvermögen von bis zu 25.000 Plätzen ausgebaut. Es entstand die von vielen alten Bildern bekannte Stehplatztribüne auf der Nordseite mit ihrem charakteristischen, spitzgiebeligen Holzdach. Das anfänglich sehr schmale Spielfeld wurde um einige Meter verbreitert. Trotzdem war der Platz begrenzt. Vor allem in der Zwischenkriegszeit, als die Zuschauerzahlen auch bei Rapid durch die Decke gingen, musste man immer wieder auf die Hohe Warte nach Döbling ausweichen. In jenen Jahren gab es auch Pläne der Stadt für ein neues Stadion nahe dem Schloss Schönbrunn, in Sichtweite zum alten Rudolfsheimer Platz. Sie wurden aber nie umgesetzt und Rapid blieb bis in die 1970er Jahre hinein auf der Pfarrwiese beheimatet.

Hinter dem Oststehplatz gab es eine Holzbaracke, in der sich die Umkleideräume, Bad/WC und die Platzmeisterwohnung befanden. Auf das Spielfeld gelangten die Spieler durch einen legendären, nur 1,80 Meter hohen und sehr schmalen Tunnel, der unterhalb des Stehplatzes verlief. Franz Binder jun. beschreibt das Bauwerk in seinem Buch sehr treffend: „Viele Gastmannschaften waren schon geschlagen, wenn sie durch den mysteriösen Tunnel mussten. Persönliche Differenzen wurden in diesem dunklen Schlauch erledigt, und so mancher Spieler oder Schiedsrichter rätselte sehr lange, wer ihm nun wirklich in den Hintern gekniffen oder getreten hat. Der Boden des Tunnels war nur festgetretene Erde. Nach einem Regen stand immer

Wasser am Boden, im Herbst und Winter war es immer sehr feucht, glitschig oder eisglatt. An ihrer tiefsten Stelle hatte die Tunneldecke zwei große, freiliegende T-Stahlträger, beleuchtet wurde das ganze unwirkliche Szenario von einer 40-Watt-Glühbirne."

Der Rapidanhang machte, wie bereits erwähnt, in den ersten Jahrzehnten auf der neuen Anlage von sich reden. Der Pöbel hatte die Fußballplätze nach dem Ersten Weltkrieg erobert, das Interesse am neuen Sport war nicht länger nur auf eine noble Minderheit beschränkt. Wenn man zeitgenössische Zeitungsberichte liest, staunt man, wie wenig sich in hundert Jahren geändert hat. So lautete der empörte Kommentar der Wiener Sonn- und Montagszeitung zu einem Spiel gegen Hakoah vom 28. September 1924 (1:1): „Einzig und allein der Verdienst des Schiedsrichter Schmieger ist es, wenn dieses Spiel, der Clou des gestrigen Fußballsonntags, nicht nur zu Ende geführt, sondern auch in regulären Bahnen gehalten wurde. Ein Teil des Publikums schien mit der Absicht auf den Platz gekommen zu sein, um Radau zu machen und das Spiel vom Zuschauerraum zu entscheiden. (…) Das beliebteste Objekt der Beflegelung blieb dem radaulustigen Teil der Zuschauer der Schiedsrichter und es ist nicht zu viel gesagt, wenn festgestellt wird, dass jede irgendwie wichtigere Entscheidung Schmiegers, sofern sie nicht zugunsten Rapids fiel, mit unerhörtem brüllenden Protest beantwortet wurde. (…) Das Benehmen eines Teiles des Hütteldorfer Publikums, über das schon viele auswärtige Mannschaften Klage geführt haben, darf aber heute nicht mehr achtlos übergangen werden."

Die Pöbeleien sind die gleichen geblieben und die Berichterstattung darüber hat sich ebenfalls nicht geändert.

Doch nicht nur pöbel- sondern auch fantechnisch liegen die Wurzeln der Rapidler auf der Pfarrwiese. Im sogenannten Rapid-

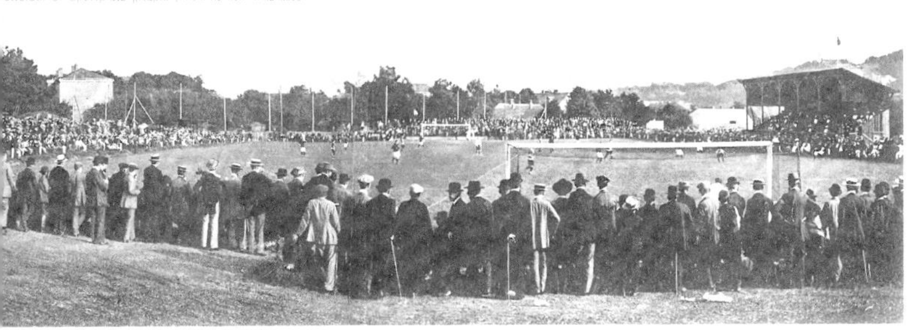

… und die älteste erhaltene Originalaufnahme der Pfarrwiese von 1912.

Eck standen schon in der Zwischenkriegszeit die lautesten Anhänger und dort tauchten Ende der 1960er Jahre auch die ersten Jugendlichen auf, die große, selbstgenähte Fahnen schwenkten und später auch mit ihren langen, selbstgestrickten Schals in den Vereinsfarben auffielen.

Doch in den Sechzigerjahren nahte bereits das Ende der Pfarrwiese und damit endete auch die Zeit der sportlichen Erfolge für den SCR. Am Ort der alten Rapid-Heimstätte sollte ein Autobahnzubringer entstehen. Im Juli 1969 beschloss der Wiener Gemeinderat den Bau einer neuen Sportanlage in Hütteldorf. Bereits 1971 wurde mit den Bauarbeiten auf dem Gelände einer ehemaligen Gemüsegärtnerei begonnen. Die Pläne mussten in der Folgezeit immer wieder geändert werden, vieles fiel dem Sparstift zum Opfer. Die Pfarrwiese erlebte ihr vorläufig letztes Rapidspiel im Juni 1976 gegen Vöest Linz.

Das erste Spiel im neuen Weststadion fand am 10. Mai 1977 gegen die Austria statt. Paul Pawlek, inzwischen stolzer Besitzer einer Videothek, schoss das erste Tor im neuen Stadion. Baumängel an fünf Tribünenträgern der Nordtribüne sorgten in den folgenden Monaten aber dafür, dass Rapid wieder ausweichen musste und somit teilweise wieder die alte Pfarrwiese bespielte. Die besagten Pfeiler der Nordtribüne hatten eine falsche Spannung, weil der Spannungsvorgang in zwei Etappen hätte vorgenommen werden müssen, aus Zeitgründen aber auf einmal vollzogen worden war. Des Weiteren waren Hohlräume im Beton und montierte Stahlrohre Gründe für die vorübergehende Schließung. Das nun wirklich letzte Spiel auf altehrwürdigem Boden fand im April 1978 gegen die Admira statt. Hans Krankl schoss zum Abschied fünf Tore.

Der damalige Rapid-Trainer Karl Schlechta meinte rückblickend über die Pfarrwiese: „Die Atmosphäre bei den Spielen war schon einmalig. Das hat man dann schon vermisst. Es war so, dass dort einer den anderen gekannt hat. Die Stimmung war dadurch doch irgendwie eine engere, geschlossenere als in dem großen Weststadion.“ Dennoch hatte der Umzug nie infrage gestanden, denn trotz allem waren die Bedingungen auf der Pfarrwiese keineswegs optimal gewesen.

Eine Parallele zu den letzten beiden erfolglosen Jahren zu ziehen, liegt nahe. Zahlreiche Raunzer, oder nennen wir sie lieber Nostalgiker, weinen seit der Eröffnung des neuen Stadions den

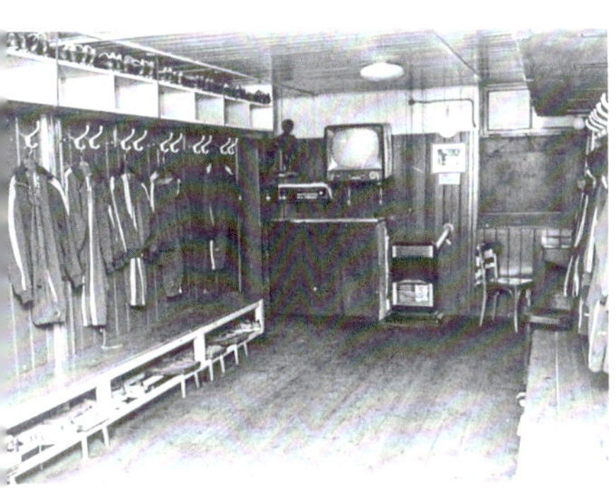

Die Umkleidekabine der Kampfmannschaft in den 1950er Jahren.

guten alten Zeiten im Hanappi-Stadion nach.

Neun Cupsiege und 25 Meistertitel errangen die Grünen insgesamt auf der Pfarrwiese. Bis der 26. Titel gefeiert werden konnte, sollten 14 Jahre vergehen …

Nach dem Umzug ins neu erbaute Weststadion spielte und trainierte der Nachwuchs noch auf der Pfarrwiese, bis 1981 die Bagger kamen und siebzig Jahre Fußballgeschichte plattmachten. Im Juni 2018 wurde am ehemaligen Standort der Pfarrwiese eine Gedenktafel aufgestellt. Aktuell befindet sich dort eine Tennisanlage.

…

Der Aufsteiger aus Linz war zu Gast. Für uns das zweite Heimspiel innerhalb einer Woche. Im Block West erinnerte zu Spielbeginn eine schöne Choreo zu vierzig Jahren Ultras-Kultur in Hütteldorf an die Übersiedelung ins Weststadion 1977.

Bei Rapid wollte man „mit einem Sieg wieder in die Spur finden", wie das so schön heißt, wenn gerade nix weitergeht und man um Zweckoptimismus bemüht ist. In der ersten Halbzeit tat man sich dann auch relativ leicht gegen schwache Linzer und ging folgerichtig 1:0 in Führung. Danach bettelte man zeitweise zwar wieder um den Ausgleich, aber es blieb beim knappen ersten Heimsieg der Saison. Auch die Journalisten-Terroristen-Geschichte wurde per Spruchband erneut thematisiert. Sogar von Seiten der Linzer, von denen man ultratechnisch halten mag, was man will, kam was: Aus Becherwurf wird Attentat und fertig ist das Titelblatt. Scheiss Presse!

Und ab ging's in die Länderspielpause.

10. September 2017, 7. Runde Meisterschaft, Red Bull – SK RAPID 2:2

Workingclass football against Red Bull

Was waren das früher für Duelle im alten Lehener Stadion, als Rapids noch gegen Austria Salzburg spielte. Das erste Auswärtsspiel bei Red Bull am 30. Juli 2005 markierte das Ende einer langen Serie von Duellen, die vor allem auf den Rängen und teilweise auch auf den Straßen ausgetragen wurden. Damals hatte Dietrich Mateschitz den Verein wenige Wochen zuvor übernommen. In den folgenden Jahren gab es gegen die Bullen immer wieder themenbezogene Spruchbänder, Flugblätter und Choreos. Wir riefen die Spiele gegen die „neuen" Salzburger regelmäßig zum Klassenkampf aus. Auf den Rängen gab es zwar nun kein Duell mehr, aber rein sportlich waren die Begegnungen durchaus reizvoll.

Die aktive Szene der Violetten stand dem Engagement von Red Bull, das sich bereits im Frühjahr 2005 ankündigte, zunächst durchaus positiv gegenüber. Als der Konzern aber daran ging, das Wappen und die Farben dem eigenen Firmenlogo anzupassen, war der Ofen aus. Der harte Kern der aktiven Szene ging auf Konfrontationskurs, der in weiterer Folge zur Neugründung des SV Austria Salzburg in der Landesliga führte. Die jahrelange, sehr intensive Rivalität stellten wir damals für einen Nachmittag hintan und präsentierten in Salzburg einige Solidaritätsspruchbänder. Diese versuchte man bei den Eingangskontrollen zu konfiszieren, mit Gewalt konnten wir das aber verhindern.

Ihr am Feld + Wir auf den Rängen
Gemeinsam gegen die Bullen
Freiheit für Ultrà
Stadionverbot für DM, Jara, Wiebach
DM – Du nahmst den Fans ihre Identität und uns einen Feind
Fick Dich!
Beckenbauer + Mateschitz = Tod des Salzburger Fussballs!

Ein Stadionverbot war die Folge.

Der violette Anhang startete nach englischem Vorbild in der 7. Liga einen Neuanfang. Bei unserem ersten Heimspiel gegen Red Bull wiederum sammelten wir Geld für die neue Salzburger Austria.

Gut 800,– Euro kamen zusammen und wurden in die Mozartstadt überwiesen. Die Violetten bedankten sich mit einem Spruchband und folgenden Zeilen auf ihrer Homepage: „Pünktlich zum 73. Geburtstag von Austria Salzburg landete die Überweisung von 831,20 Euro auf dem violetten Konto in der Mozartstadt. Dieser Betrag ist Ergebnis einer Spendensammlung der Fans des Rekordmeisters Rapid Wien. Die Spendenaktion wurde am Sonntag, den 10. September beim Heimspiel der Grün-Weißen gegen den FC Austauschbar aus Wals-Siezenheim vom Block West durchgeführt. Dies ist eine einzigartige Aktion, ein klares Statement gegen den modernen Fußball. Die Salzburger Fans bedankten sich mit einem Spruchband beim letzten Heimspiel gegen Seeham, und wir schicken ein großes, großes Dankeschön und jede Menge Respekt nach Hütteldorf! Danke, Rapidfans!"

Abgesehen von den Hooligan-Gschichteln zu Beginn der Neunziger war Anfang 2000 eine sehr intensive Feindschaft zwischen den Ultralagern beider Vereine entstanden. Das lag zum einen sicherlich am Generationswechsel, der sich bei uns in jenen Jahren langsam vollzog, als auch an der Gründung der Union'99 Ultra Salzburg, die sich zu den bereits bestehenden Tough Guys 1992 gesellten. Somit gab es hier und dort einen Haufen junger, motivierter Burschen, die ohne viel nachzudenken für jeden Blödsinn zu haben waren. Es galt den „ultras way of life" auszuleben, mit allem, was dazugehört. Sportlich lagen beide Vereine ziemlich darnieder, so dass man sich in beiden Kurven auf das Geschehen auf den Rängen und außerhalb konzentrieren konnte. In jenen Jahren streckten beide Seiten ihre Fühler Richtung Italien, dem Mutterland der Bewegung, aus. Während wir nach Sampdoria und Parma unsere Kontakte zu Veneziamestre intensivierten, erwiesen sich die Violetten als noch reise- und kontaktfreudiger und hingen ihre violetten Fetzen kreuz und quer verteilt über das ganze Land auf. Udinese sowieso, aber auch Salernitana, Barletta und Torino wurden heimgesucht. Gescheppert hat es immer wieder mal, meistens am Hütteldorfer Bahnhof und im Lehener Park, wobei der ganz große Crash ausgeblieben ist. Bei unserem letzten Auftritt in Lehen (November 2002) ging es nach Spielende sogar am Spielfeld zur Sache, nachdem plötzlich ein Türl des Gästesektors aufgesprungen war. Später am Abend raschelte es dann auch noch vor dem Lokal der Tough Guys, wo gerade deren Jubiläumsfeier über die Bühne ging. Mit der Übersiedlung nach Wals-Siezenheim 2003 bekam die Polizei die Sache dann zunehmend besser unter Kontrolle. Es blieb anfangs beim Austausch von diversen Fackeln. Eines muss natürlich schon erwähnt werden: Rapid hat bei all diesen Duellen durchaus nicht immer gewonnen. Auch wir sind dort mal unter der Woche auf dem Rückweg zum Bahnhof im Lehener Park kräftig unter die Räder gekommen. Aber das passiert natürlich, wenn man zu wenig vorbereitet an eine Auswärtsfahrt herangeht. Besser in Erinnerung ist vielen sicherlich der sogenannte Rachezug, der Salzburg Ende April 2002 heimsuchte, nachdem im Herbst zuvor Fackeln der Salzburger im Familienblock bei Rapid gelandet waren.

Selten zuvor oder danach schaffte es Rapid, mit einem derartigen Mob auf Reisen zu gehen. Schon auf dem Weg vom Bahnhof zum Stadion wurden die Salzburger das erste Mal durch ihre eigene Stadt gejagt. Zur Pause stand es 3:0 für die Mozartstädter. Da das Spiel an diesem Nachmittag sowieso niemanden interessierte, verließen wir geschlossen den Sektor und warteten draußen auf die Violetten, die in ihrem eigenen Stadion von der Polizei eingeschlossen und beschützt werden mussten. Ohne wirklichen Kontakt mit den Salzburgern gehabt zu haben, mussten wir schlussendlich wieder abreisen. Rapid verlor 1:6. Außerhalb des Spielfeldes ging der Punkt aber klar an uns.

In ihrem Fanzine Einspruch! (#18) schrieben die Salzburger dazu wie folgt: „Wie zu erwarten, war auch rund um das Spiel einiges los, schließlich hatten die Grün/Weißen die Partie zum Spiel des Jahres erklärt und rückten mit einem dementsprechenden Mob an. So wurden die erlebnisorientierten Salzburger wieder auf den Boden der Realität zurückgeholt, was dem einen oder anderen sicher nicht geschadet hat, denn einige sahen die Bäume ja schon in den Himmel wachsen."

Chapeau vor so viel Selbsterkenntnis.

Nachdem die Rivalität immer größer wurde, versuchten wir auch choreographisch in jenen Jahren gerade gegen die Salzburger Violetten in neue Sphären vorzudringen. Die ersten dreiteiligen Choreos wurden gegen die Salzburger durchgeführt. Für den ein oder anderen von uns, mich eingeschlossen, war das Spiel gegen die Mozartstädter wichtiger als das gegen die Austria aus Favoriten. Ultratechnisch gab die Partie einfach mehr her als die Derbys gegen die Kasperln aus Wien X.

Gegen die Salzburger ist uns auch ein kleines Malheur passiert, aus dem wir gelernt haben. Folgende Anekdote spielte sich im Herbst 2003 in Hütteldorf gegen die Salzburger ab: Einige Wochen zuvor hatten wir während eines Heimspiels gegen Kärnten ein Spruchband gegen Stadionverbote gezeigt, von denen die violetten Salzburger zur damaligen Zeit stark betroffen waren. Im direkten Duell nun hielten uns die Salzburger exakt dasselbe Spruchband mit dem Zusatz „Respekt für dieses Spruchband" noch einmal unter die Nase. Die Verwunderung bei uns war groß, bis wir erfuhren, wie sich das Ganze zugetragen hatte. Nach dem besagten Spiel gegen die Kärntner sammelten ein paar Rapidler aus Niederösterreich das herumliegende Spruchband auf der West ein und fuhren damit zum Westbahnhof, wo ihr Zug wartete. Dort wiederum dürften sie einigen Salzburgern aufgefallen sein, die zufällig vor Ort waren. So kam eines zum anderen und wir schauten blöd aus der Wäsche. Seitdem wird alles zerrissen, was nicht mehr gebraucht wird.

Damals wussten wir es noch nicht, aber im Mai 2003/04 fand eins der letzten Treffen mit der alten Salzburger Austria und deren Anhang statt. Zum letzten Saisonspiel stellten Ultras Rapid gleich neun Busse, nachdem ein geplanter Sonderzug seitens der ÖBB im letzten Moment abgesagt wurde. Rapid verlor 0:2. Mit den violet-

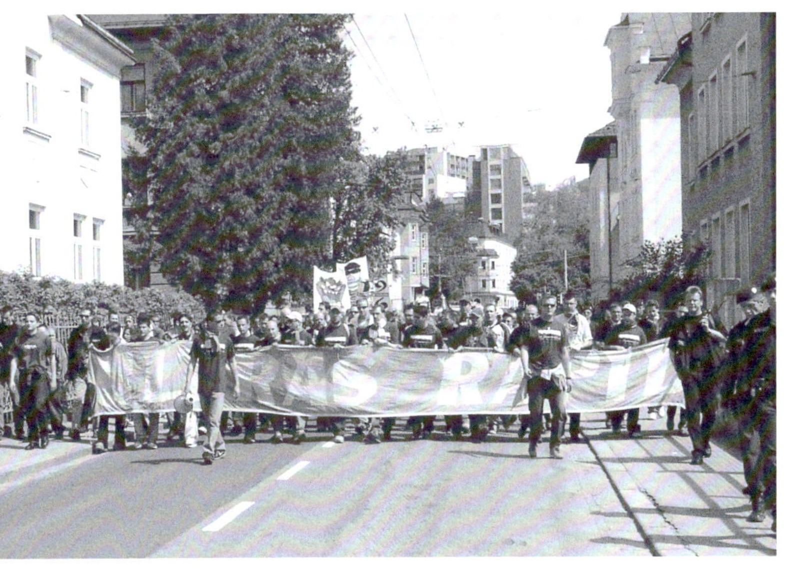

Auf dem Weg zum Lehener Stadion, Salzburg April 2002.

ten Salzburgern schepperte es vor dem Stadion, im Stadion hatte die Kiberei so ihre Probleme damit, den Hütteldorfer Anhang in Schach zu halten.

Michael Bergschober erinnert sich in seinem Buch *Meine Mutter hat Stadionverbot:* „Die Partie war unheimlich emotional und stand zeitweise sogar kurz vor dem Abbruch, man stelle sich vor, es wäre für beide Klubs noch um etwas gegangen! Neben Jürgen Friedl, der gerade einen Osteinwurf durchführen wollte, schlug ein Böller ein, danach wurde im Sektor der Grünen noch einiges an Pyrotechnik gezündet, so dass Rapid-Trainer Hickersberger alle Hände voll zu tun hatte, um die Hitzköpfe zu beruhigen."

Ziemlich genau ein Jahr später traten wir als frischgebackener Meister in Salzburg an, wieder schepperte es. Danach kam Red Bull ans Ruder.

...

Nur schlappe 12.000 Zuschauer wollten im September 2017 Rapid im Kampf gegen Red Bull sehen. Es ist eigentlich eine Gemeinheit, wie wenig Zuschauer der selbst ernannte Rekordmeister des 21. Jahrhunderts hat. In der Regel kommen nicht einmal 5.000 Zuschauer in die Arena. Gegen Rapid waren es natürlich etwas mehr. Der Rapidsektor war in beiden Rängen indes sehr gut gefüllt, wenngleich die Erwartungen bei den meisten wohl nicht allzu hoch waren. Sie wurden sicher nicht höher, als Pavelic nach 20 Minuten mit Rot vom Platz flog. Vielleicht war aber gerade dieser diskutable Spielausschluss ausschlaggebend dafür, dass der SCR eine ansehnliche Partie spielte, zweimal in Führung ging und lediglich in der Nachspielzeit den 2:2-Ausgleichstreffer kassierte.

Ein Hauch des alten Rapid-Geistes schwebte über dem Match. Wie sagt man so schön: Was der Punkt wirklich wert war, würde man in den kommenden Partien sehen.

Wieder 2:2 – wieder nix

Liebes Spieltagebuch, ja ich gebe zu, ich war gar nicht in Altach. Es war mir einfach zu weit und ich hatte ein kleines Motivationsproblem. Schande über mich. Was ich mir vor Ort entgehen ließ, hab ich mir bei einem Bezahlsender zeitgleich angeschaut. Auch eine interessante Perspektive, aus der ich ein Rapid-Match bisher nur eher selten gesehen habe.

Erste Hälfte war gut, aber Tore haben wir trotzdem keine geschossen. In der zweiten Halbzeit schoss uns dann Schwab aber doch mit 1:0 in Führung. So etwas wie ein Weckruf für … die Altacher, die daraufhin viel aggressiver auftraten, zuerst ausglichen und dann sogar 2:1 in Führung gingen. Als ich schon dazu ansetzten wollte, irgendwas wie: „Vorarlberg ist für Rapid weiterhin keine Reise wert“ zu formulieren, schafften wir noch das 2:2. In der Nachspielzeit bugsierte ausgerechnet unsere Neuverpflichtung Galvao, der zwei Wochen vorher von Altach gekommen war, einen Eckball glücklich ins richtige Tor. Im Endeffekt ein gewonnener Punkt, der für die Ambitionen des SCR aber klar zu wenig war.

Der frischgebackene Rekordspieler Steffen Hofmann stand wie schon in Salzburg wieder nicht im Kader.

20. September 2017, 2. Runde Cup, ASK Elektra – SK RAPID 0:4

Auswärts ein Heimspiel in Dornbach

Den Sportclub-Platz in Dornbach durften wir letztes Jahr ja dreimal besuchen, ohne auch nur einmal gegen den dort ansässigen WSC zu spielen. Der Platz in Dornbach ist das älteste noch bespielbare Fußballfeld in Österreich. 1904 wurde das Stadion erbaut, der Verein kämpft seit Jahren mühsam gegen den Verfall. Die Gemeinde Wien hatte in den Monaten zuvor jedoch zugesagt, über 5 Millionen Euro in die Sanierung bzw. den Umbau zu investieren.

Es mag aus heutiger Sicht befremdlich klingen, aber Rapid und der WSC (1969 und 1970 immerhin noch Vizemeister) hätten vor über vierzig Jahren beinahe zusammengefunden und fusioniert. Man muss den damaligen WSC-Mitgliedern heute noch dafür dankbar sein, dass es nicht dazu kam. Die Zuschauerzahlen gingen damals stark zurück, die Spieleinnahmen nahmen stark ab. Um dem etwas entgegenzusetzen, spekulierte man auf die „Konzentration der Kräfte" und hoffte auf sportlich attraktivere Fusionsklubs. Der steirische Geflügelgroßhändler Josef Draxler, seit den 1960er Jahren Präsident der Dornbacher, trieb die Fusionspläne voran, um einen neuen „Superklub" aus der Taufe zu heben. Während von Manfred Mautner Markhof und Hans Matuschka ein Zusammengehen der Austria mit der Admira sondiert wurde, fand der Hütteldorfer Vizepräsidenten Grassi schon im April 1971 eine Liaison mit dem Wiener Sport-Club „interessant". Tatsächlich hatten die Vorstände der beiden Vereine hinter den Kulissen die Sache schon miteinander abgesprochen und die Saison 1971/72 sollte die letzte mit getrennten Mannschaften sein.

Die Rapid-Mitglieder stimmten der Fusion am 28. Juni 1971 auf einer Mitgliederversammlung zu, die Mitglieder des WSC sprachen sich ein paar Tage später aber dagegen aus. Die Fusion war damit geplatzt, woraufhin der „Hendlbaron" Rapid-Präsident wurde. In seine Präsidentschaft fiel später auch die kurzfristige Umbenennung in Rapid Wienerberger (1974).

…

Auch dieses Jahr meinte es das Los gut mit uns und brachte uns in der zweiten Cup-Runde den einzig übriggebliebenen Viertligisten, den ASK Elektra. Der spielt normalerweise im Prater neben dem

Rapid-Trainingsgelände, aber da kann man natürlich kein solches Bewerbsspiel austragen. Also auf nach Dornbach.

Es hatte die Tage zuvor ziemlich stark geregnet in der Bundeshauptstadt und das Spielfeld war dementsprechend sehr tief. Die Burschen der Elektra hielten zwar brav dagegen, hatten aber die ganzen 90 Minuten über nur eine Torchance. Rapid tat sich auch schwer beim Tore Schießen, gewann am Ende aber doch klar mit 4:0.

23. September 2017, 9. Runde Meisterschaft,
SK RAPID – Wolfsberger AC 4:2

Gerhard Hanappi – Der Gschropp

Exerzierfeld, Sportplatz Rudolfsheim und Pfarrwiese hab ich alle leider nie gesehen. Dafür durfte ich unzählige Stunden und Tage in den Katakomben des Hanappi-Stadions verbringen, wo wir über Jahre hinweg Spruchbänder gemalt bzw. gesprayt und Choreos gebastelt haben. Die Geschichte seines Erbauers Gerhard Hanappi ist wohl ziemlich einzigartig. Nirgendwo sonst auf der Welt gibt es einen Fußballer, der für seinen Klub ein neues Stadion plante, das nach seinem Tod folgerichtig nach ihm benannt wurde.

Gerhard Hanappi wurde am 16. Februar 1929 geboren. In Meidling, bei Wacker Wien, erregte der vielseitig einsetzbare Allrounder zum ersten Mal Aufmerksamkeit. Nach einigem Hin und Her holte ihn der damalige Sektionsleiter Franz Binder im Winter 1950/51 schließlich nach Hütteldorf, wo er bis zum Ende seiner großartigen Karriere blieb, auch wenn die Arbeiter Zeitung am 27. Juni 1961 zu wissen glaubte: „Der österreichische Rekordinternationale und Kapitän der Nationalmannschaft, Diplomingenieur Gerhard Hanappi, hat Montag einen Zweijahresvertrag für den italienischen Nationalligaklub Venezia unterzeichnet. Hanappi, der während des Wochenendes in Venedig weilte, musste sich einer genauen körperlichen Untersuchung unterziehen. Sein Gesundheitszustand ist hervorragend. Hanappi wird von Venezia zu einem Gehalt und den Prämien ein Handgeld von 800.000 Schilling erhalten, das allerdings nicht sofort ausbezahlt, sondern auf die Dauer des Vertrages aufgeteilt wird. Die Ablösesumme an Rapid beträgt 300.000 Schilling." Zeitungsenten gab es halt schon immer.

Gerhard Hanappi hatte bereits, während er noch spielte, ein Studium zum Dipl.-Ing. für Architektur abgeschlossen. Ab 1962 arbeitete er als selbstständiger Architekt und wurde bereits 1968 mit dem Stadionprojekt betraut.

Hanappi plante, entgegen dem damaligen Trend, ein reines Fußballstadion – ohne störende Laufbahn. Ursprünglich sah sein Plan aber eine großzügige Sportstätte vor, die neben dem Fußballstadion und Trainingsplätzen auch eine Mehrzweckhalle mit 1.000 Plätzen sowie ein bis zu 3.000 Zuschauer fassendes Leichtathletik-Stadion und Tennisplätze umfassen sollte.

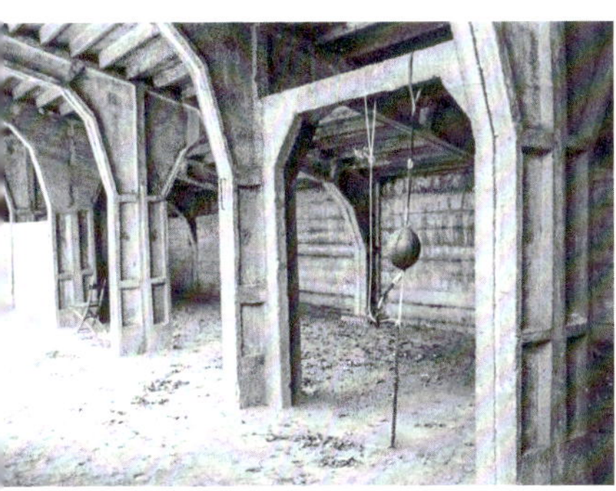

Die Trainingshalle im alten Pfarrwiesen-Stadion. Aufnahme aus den 1950er Jahren.

Das Stadion wurde am Ende leider (aus finanziellen Gründen) nicht ganz so gebaut, wie Hanappis Pläne es ursprünglich vorsahen. So hatte er zum Beispiel den ihm wohlbekannten Westwind berücksichtigt und wollte das Spielfeld durch die Ausrichtung quer zur Windrichtung mittels der hohen Längsseitentribünen schützen. Im Endeffekt wurde das Stadion aber um 90 Grad gedreht errichtet, sehr zum Leidwesen von Spielern und Fans, die somit dem oft erbarmungslosen Westwind voll ausgesetzt waren.

Auch sonst wies das Stadion einige Mängel auf, die auf Kürzungen der Geldmittel zurückzuführen waren. Die Tribünendächer waren etwas zu kurz. Die ersten Sitzreihen lagen tiefer als das Spielfeld und waren somit nicht verkäuflich. Die Kabinen und Verwaltungsräume entlang der Keißlergasse waren so tief unter Straßenniveau, dass die Fenster in 2,50 Meter Höhe lagen. Die Räume zum Spielfeld hin hatten überhaupt kein Tageslicht. Auch bei den Trainingsplätzen wurde gespart. Gerade dieser Umstand machte vor allem den Nachwuchsmannschaften Rapids bis zum Abriss des Stadions immer wieder zu schaffen.

So wie es sich für eine Kultstätte gehört, wurde das Weststadion gleich ein paar Mal eröffnet. Zu Beginn stand das Finale der Schülerliga am 30. Juni 1976. Das erste Pflichtspiel Rapids war ein Jahr später das Wiener Derby mit dem 1:0 Sieg vom 10. Mai 1977.

Die eigentliche Übergabe durch Bürgermeister Gratz fand mit dem ersten Europacupspiel gegen Inter Bratislava (1:0) am 14. September 1977 statt, das hier später noch Erwähnung finden wird. Nach der bereits erwähnten Sperrung aufgrund baulicher Mängel fand die vierte Eröffnung wieder mit einem Derby (3:1) am 18. August 1978 statt. Einige Anhänger freundeten sich nur schleppend mit der neuen Heimstätte an. Wir hören noch mal den damaligen Rapid-Trainer Karl Schlechta: „Es haben schon viele dem Rapid Platz nachgeweint, aber nur im Publikum, die Spieler nicht. Die waren froh,

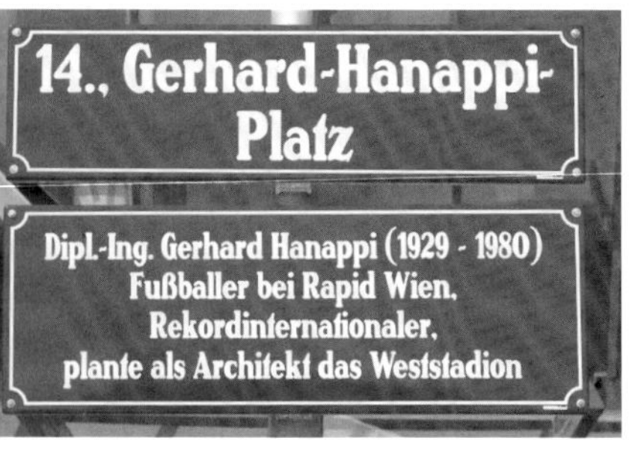

dass sie auf einem großen, grünen Rasenplatz spielen und unter für damals normalen Verhältnissen auch trainieren konnten."

2001 und 2002 wurde wieder kräftig gebaut in Hütteldorf. Durch die Komplettüberdachung des Stadions standen nun auch die Besucher der West- und Osttribüne im Trockenen, die Zuschauerkapazität sank dadurch auf rund 18.500 Zuschauer. Die Eröffnung des nun vollüberdachten Hanappi-Stadions fand natürlich wieder gegen die Austria (0:1) am 27. Oktober 2002 statt. Bürgermeister Häupl, bekennender Austrianer, überließ das Zeremoniell seiner Stellvertreterin Grete Laska.

Das letzte Spiel im legendären Stadion, zwölf Jahre später, war unglaublich emotional. Wir verabschiedeten uns gebührend mit tollen Choreographien und hunderten Fackeln. Rapid lud sich am 6. Juli 2014 Celtic Glasgow ein. Das letzte Tor auf heiligem Rasen schoss übrigens der für die Schotten spielende Finne Teemu Pukki. Ob er weiß, dass er als „the last man who scored in St. Hanappi" in die Geschichtsbücher einging?

Gerhard Hanappi verstarb leider viel zu früh im Alter von nur 51 Jahren im Jahre 1980 an Lymphdrüsenkrebs. Der Gschropp, wie er aufgrund seiner geringen Körpergröße genannt wurde, schaffte mit Rapid sieben Meistertitel, einen Cupsieg und 1951 den Sieg im Zentropacup. Bemerkenswert, dass er zwischen 1951/52 und 1963/64 von 338 Meisterschaftsspielen 321 absolvierte. 1953 schaffte er es sogar in die FIFA-Weltauswahl, wo er Stanley Matthews kaltstellte.

Kurz nach seinem Tod wurde das Weststadion in Gerhard-Hanappi-Stadion umbenannt. Ihm zu Ehren spielt Rapid heute am Gerhard-Hanappi-Platz 1.

…

Nach dem Neubau des Weststadions hab ich mich schon oft gefragt, was denn Gerhard Hanappi gesagt hätte. Architektonisch klar, aber wie wäre seine Meinung zum Stadion als neuem Sinnbild für den SK Rapid gewesen? Stego, mit dem ich früher viele Choreographien gebastelt habe, lud mich in den VIP-Klub ein. Mal was Neues! Viele Herren in dunklen Anzügen, viele Hostessen in High Heels, gutes Essen und eine tolle Aussicht aufs Spielfeld – trotzdem nicht meine Welt und somit war es ein einmaliger Ausflug.

Ich hätte mich drauf wetten getraut, dass Rapid 0:1 in Rückstand gerät, es ist halt immer das Gleiche. Man hat das Gefühl, Rapids spielt immer den gleichen Stiefel, im Endeffekt kommt es nur auf den Gegner an, ob es für drei Punkte reicht oder nicht. Gegen den WAC reichte es am Ende doch, weil die Kärntner zu schwach waren und Rapid endlich Tore (insgesamt derer vier) schoss.

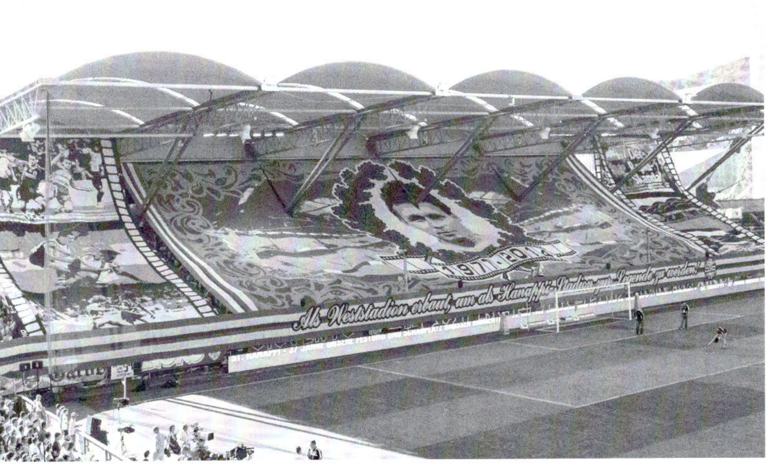

Abschiedsspiel im Hanappi-Stadion gegen Celtic Glasgow, 6. Juli 2014.

30. September 2017, 10. Runde Meisterschaft, SV Mattersburg – SK RAPID 0:1

Fußball-Mafia ÖFB

Mattersburg auswärts ist so wie Altach, WAC oder Admira auswärts. Gefühlt verlieren wir dort immer, zumindest dann, wenn es um was geht. Und bei Rapid geht's eigentlich immer um irgendwas, denn jeder Sieg kann die Wende zum Guten bringen, während jede Niederlage das Pulverfass in die Luft fliegen lassen kann. Meistens waren es aber einfach nur zache Partien, zumal die flache Stahlrohrtribüne, die an und für sich nur ein Provisorium ist, aber seit über zehn Jahren steht, kaum eine leiwande Stimmung zulässt.

Rein statistisch gesehen war es das 50. Match gegen die Mattersburger. Auswärts haben wir bisher zehn Mal gewonnen und nur acht Mal verloren, also eh nicht so schlecht. Auch dieses Mal reichte es zu einem Sieg gegen biedere Mattersburger. Letztere erzielten zwar drei Treffer in der ersten Halbzeit, die aber zu Recht alle wegen Abseits aberkannt wurden. Auch das Siegestor für Rapid war vielleicht nicht regulär und es kam etwas kurios zustande. Ein Mattersburger wollte im eigenen Sechzehner klären, schoss Kapitän Schwab an, von dessen Hand die Wuchtel schließlich ins Tor ging. Weil der Schiri keine Absicht erkannte, zählte das Tor. Im Rapidsektor kommentierte man das ironisch mit „Fußball-Mafia ÖFB"-Sprechchören.

14. Oktober 2017, 11. Runde Meisterschaft,
SK RAPID – SKN St. Pölten 1:0

DIE Partei

Mit Spannung blickten viele auf dieses Wochenende Mitte Oktober. Österreich wählte eine neue Regierung und das Rennen war ziemlich spannend. Am Ende lagen die Umfrageinstitute richtig. Kurz wurde Kanzler, Strache sein Vize, die Roten verloren, die Grünen flogen sogar aus dem Parlament und Pferdeliebhaber Herbert Kickl, ja, der wurde zum neuen Innenminister ernannt. Na, den hamma braucht … aber dazu später mehr.

…

Stellt sich also die Frage, inwieweit die Politik auch heute noch eine Rolle beim SK Rapid spielt. Der 1940 geborene Rudolf Edlinger zog bereits mit 29 Jahren für die SPÖ in den Wiener Gemeinderat ein. Fast dreißig Jahre lang blieb er im Rathaus. 1997 wechselte er in die Bundespolitik und war bis 2000 Finanzminister.

Edlinger war immer schon Rapidfan und saß seit 1986 im Kuratorium. Als er am 1. Oktober 2001 das Präsidentenamt übernahm, stand es nicht gut um den SCR. Zu Buche standen 70 Millionen Schilling an Schulden und unter Weltmeister Matthäus belegte man den blamablen 8. Tabellenrang. Trotzdem versprach Edlinger den Fans den Titel, ganz Politiker halt.

Zu seinem und unserem Glück behielt er Recht. In den 4.409 Tagen seiner Präsidentschaft feierte der Klub zwei Meistertitel, siegte mit 7:0 in Salzburg, wurde zum Alptraum von Aston Villa und zog in die Champions League ein. Natürlich war auch der ein oder andere Tiefschlag dabei und natürlich neigt man im Nachhinein immer dazu, alles zu verklären, aber es war eine leiwande Zeit.

Ein Thema zog sich durch die ganzen Edlinger-Jahre: das Geld. Vor allem, weil immer zu wenig da war. Edlinger wehrte sich immer dagegen, als Sparefroh zu gelten. Mag sein, dass der Verein aus der Vergangenheit gelernt hatte und kein Risiko eingehen wollte, mag sein, dass vielleicht wirklich nicht viel Geld da war. Edlinger machte jedenfalls das Beste daraus und konnte Rapid als perfekten Gegenpol zu Stronachs Austria und Mateschitz' Red Bull aufbauen.

Am Ende seiner Amtszeit bedankten wir uns im Herbst 2013: Trotz etlicher Krisen – danke Rudi Edlinger.

Ein kurzes Interview mit Rudi Edlinger, das ich mit den Burschen von Forza Rapid gegen Ende der Saison 2017/18 führte. Auf Du und Du mit dem Präsidenten, ein Gespräch über Fanattacken, geschasste Trainer und weil's grad passte, die Sozialdemokratie.

In deiner Amtszeit (2001–2013) hat es einige „Fanskandale" gegeben. Welcher hat dir am meisten zu schaffen gemacht?

Ich will es nicht Skandal nennen, aber ein Ereignis hat mich persönlich ungemein getroffen; das war der Platzsturm 2011. Da habe ich wirklich darüber nachgedacht, zurückzutreten. Die anderen Präsidiumsmitglieder haben mich aber wieder davon abgebracht. Für mich war das damals ein Schlag in die Magengrube. Ich habe mich persönlich angegriffen gefühlt – ein absoluter Tiefpunkt.

(Anm.: Der Platzsturm beim Heimderby im Mai 2011 gilt wohl bis heute als einer der Höhepunkte der Ausschreitungen durch Rapidfans. Schon die Monate zuvor hatte es in der Fan-Szene ob der anhaltenden Erfolglosigkeit des Klubs gegärt. Das Hütteldorfer Pulverfass explodierte schließlich am 22. Mai, nachdem die Austria gerade 2:0 in Führung gegangen war. Hunderte stürmten aufs Spielfeld und sorgten für einen Spielabbruch. Das Spiele wurde 0:3 strafverifiziert. Wahrscheinlich hätten wir sonst 0:5 oder gar 0:6 verloren. Abgesehen vom besseren Torverhältnis hat sich die ganze Aktion nicht wirklich ausgezahlt. Unzählige Stadionverbote, Hausdurchsuchungen und ein zerrüttetes Verhältnis zur Vereinsführung waren die Folge.)

Was mir am Ende meiner Amtszeit noch leidgetan hat, waren die massiven Anfeindungen gegenüber Werner Kuhn und Stefan Ebner. Das war inhaltlich falsch; vor allem der Werner Kuhn hat sich das auch nicht verdient. Er hat sich Tag und Nacht den Arsch für den Verein aufgerissen.

Ich habe beiden damals den Rücken gestärkt und ihnen gesagt: „Solange ich Präsident bin, seid ihr pragmatisiert. Je stärker die euren Rücktritt fordern, desto mehr seid ihr bei mir zementiert." Ich konnte ja nicht nachgeben und vor den Fans in die Knie gehen, dann wäre ich der Nächste gewesen, der hätte gehen können.

Wie hast du Eisenstadt 2002 erlebt?

Ich war damals erst sehr kurz Präsident. Als der Wickel losgegangen ist, ist ein Fan auf mich zugestürmt und hat mir gedroht.

Ich habe ihm dann aber gleich zu verstehen gegeben: „Wenn du mir jetzt eine runterhaust, lasse ich mich fallen, abtransportieren und bin populär." Daraufhin hat er mich geschimpft und ist wieder gegangen. Es war also halb so schlimm. Besagtem Fan laufe ich heute im Stadion immer wieder einmal über den Weg – heute grüßt er mich ganz freundlich.

Trotzdem war es schon grauslich, was dort damals alles geflogen ist, völlig aus dem Nichts. Das habe ich nicht nachvollziehen können.

Es gab danach sieben bundesweite Stadionverbote – die ersten dieser Art in Österreich. In der Winterpause hast du dann eigenmächtig die Verbote für die Heimspiele wieder aufgehoben. Warum?

Ich bin der Meinung, dass jeder eine zweite Chance verdient. Deshalb habe ich mich damals mit dem Andy Marek zusammengesetzt und wir haben das gemacht. Wir wollten die Stadionverbote damals in aller Stille aufheben und den Betreffenden zu verstehen geben: Beim nächsten Vergehen gibt's kein Pardon mehr.

Trotzdem hat der Linden zwei Tage später in der Krone darüber geschrieben.

Der Peter Linden hatte immer seine Quellen, aber von mir hat er das nicht gewusst. Das wäre ja nicht in meinem Interesse gewesen.

In einem Interview hast du einmal klargestellt: Wenn es am Rande eines Fußballspiels scheppert, dann ist das das eine, aber dir immer noch lieber, als wenn im Sektor Hakenkreuze auftauchen.

Natürlich, der Platzsturm war die eine Geschichte, aber bei einer Nazi-Demonstration der Fans auf der West wäre ich sofort weg gewesen. Da geht es einfach um meine politische Überzeugung. Abgesehen vom Stadion macht mir das heute etwas Sorgen – aber um Politik soll es hier nicht gehen. So sehr ich manchmal angefressen bin über die Dinge, die auf der West passieren: Die West war dafür verantwortlich, dass die Rechten bei Rapid nicht Fuß gefasst haben. Für mich ist das ein Qualitätskriterium.

Täuscht der Eindruck, dass du den Andy Marek immer wieder vorgeschickt hast, um die Wogen bei den Fans zu glätten?

Nein, das täuscht nicht; das war ja auch seine Arbeit. Meine Überlegung war einfach folgende: Wenn sich der Marek mit den

Fans zusammensetzt, dann muss es immer noch eine „höhere" Stelle geben für den Fall, dass es zu keiner Lösung kommt. Hätte ich mich gleich mit den Fans getroffen und wir wären nicht weitergekommen, was dann? Insofern hatte das durchaus System. Bei einem großen Verein – und für österreichische Verhältnisse ist Rapid ein großer Verein – braucht es jemanden, der über den Dingen steht – ohne jetzt arrogant klingen zu wollen.

Er hatte aber durchaus freie Hand von deiner Seite, oder?

Natürlich, ich habe immer geschaut, gute Leute um mich zu haben, die ihren Job anständig machen, damit im Endeffekt alle glauben, der Edlinger ist gut *(lacht)*. Je enger du jemanden an der Kandare hast, desto weniger initiativ ist derjenige.

Bei wie vielen Müttern hast du dich entschuldigen …

(unterbricht uns sofort) Ivanschitz und Westenthaler. Beiden Müttern habe ich damals einen Brief geschrieben und mich entschuldigt. Dabei ist die Mutter vom Peter Westenthaler sogar ein großer Rapidfan und steht mir, ganz nebenbei bemerkt, politisch um einiges näher als ihrem Sohn.

Ich kann mit diesem Gesang, XY, Sohn einer Hure, nichts anfangen; man hat mir zwar einmal versucht zu erklären, woher das kommt, aber der Spruch stört mich. Das sagt man einfach nicht.

(Andreas Ivanschitz wechselte in der Winterpause 2005/06 zu Red Bull Salzburg, saß beim ersten Gastspiel der Bullen danach in Hütteldorf aber 90 Minuten nur auf der Bank. Der ÖFB setzte nach Ende der Saison zwei Länderspiele (gegen Schottland und Paraguay) im Hanappi-Stadion an, wo es zu erheblichen Protesten gegen den Kapitän der Nationalmannschaft kam.

Peter Westenthaler indes zog sich als Bundesliga-Vorstand (2002–2005) von Frank Stronachs Gnaden immer wieder den Unmut der Rapidfans zu.)

Um mit einem bösen Gerücht aufzuräumen, das nach dem letzten Heimderby wieder durch die Medien geisterte: Die Ultras haben dir nie zu Hause aufgelauert, oder?

Nein, nicht, dass ich wüsste. Die einzige, die mir zu Hause auflauert, wenn ich später heimkomme, ist meine Frau *(lacht)*.

Wir bleiben kurz beim Thema Derby: Was ist deine Meinung zum Thema Kollektivstrafen, die von der Bundesliga verhängt wurden?

Wenn man jemanden erwischt, der etwas Verbotenes macht, dann hat man gegen den vorzugehen, aber Sippenhaftung ist nicht in Ordnung. Auch wenn mir durchaus bewusst ist, dass die Ausforschung nicht einfach ist, selbst wenn man heutzutage über moderne Überwachungskameras verfügt. Ich halte auch wenig davon, die Leute zum Vernadern anzuhalten. Es ist aber zu befürchten, dass dieser Trend weitergehen wird – kein Wunder, wenn ein ehemals ranghoher Polizist auf einmal für eine Regierungspartei im Parlament sitzt. Was das letzte Derby betrifft, muss ich aber schon sagen, dass ich den Holzhauser zwar nicht unbedingt für einen Sympathieträger halte, aber wenn er dort liegen bleibt, und nicht weiterspielt, dann haben wir den Scherben auf, wie man so schön sagt.

Der Holzhauser ist ja bei uns groß geworden; der damalige Rapid-Trainer wollte ihn nach seiner Zeit im Ausland *(Anm.: VfB Stuttgart und Augsburg)* aber nicht, als er uns angeboten wurde.

„Was ist heute noch Sozialdemokratisch? – Rapid.", stellt Erwin Steinhauer in seinem Stück „Freundschaft" fest. Wie siehst du das als langjähriger Parteifunktionär und Rapid-Präsident?

Im Stile eines Kabarettprogramms ist das natürlich überspitzt dargestellt und greift vielleicht zu kurz. Es ist zumindest aber so, dass der Sport ohne die Politik nicht funktionieren kann. Das Kuratorium zum Beispiel hat ja nichts zu entscheiden, sondern nur beratende Funktion, weshalb es nach allen Seiten offen sein sollte. Ich war in meiner Amtszeit immer darauf bedacht, dass Leute aus Journalismus (aber keine Sportjournalisten), Kultur und Wirtschaft, aber auch Politiker aus anderen Lagern in Rapid-Gremien vertreten waren – zum Beispiel Erwin Rasinger und Kurt Bergmann von der ÖVP und Peter Pilz von den Grünen. Nur von den Freiheitlichen wollte ich niemanden dabeihaben. Ich weiß, es ist schwer zu argumentieren, aber mit denen kann ich schlicht nichts anfangen.

Damit wir uns richtig verstehen: Rapidler musste man schon sein, um ins Kuratorium zu kommen, und ab und zu sollte man auch zum Hörer greifen und seine Beziehungen spielen lassen, wenn ihr versteht, was ich meine.

Das mit den Freiheitlichen hat sich mittlerweile geändert …

Das stört mich nicht. Wenn du früher gesagt hast, die Blauen dürfen nicht zu Rapid kommen, dann wäre das früher niemandem aufgefallen – mittlerweile bedauerlicherweise schon.

Wo wäre Rapid heute ohne die SPÖ?

Naja, du brauchst die Politik. Abgesehen vom Stadion, für das die Gemeinde Wien immerhin rund 17 Millionen Euro locker gemacht hat, haben wir ja nie viel bekommen. Beim Stadion war es aber schon wichtig, auch wenn wir schauen mussten, die öffentliche Beteiligung unter der Hälfte der Gesamtkosten zu halten; sonst hätten wir EU-weit ausschreiben müssen. Das wollten wir vermeiden, um als Privater bauen zu können.

Die Geschichte, etwa die Nazizeit, lehrt, dass man als Verein geschickt agieren muss, um überleben zu können.

Du sprichst „Grün-Weiß unterm Hakenkreuz" an?

Ich bin nebenbei ja auch Präsident des Dokumentationsarchivs des Österreichischen Widerstandes *(Anm.: seit 2003)* und wollte wissenschaftlich fundiert untersucht haben, was damals bei Rapid alles vorgefallen ist. Auch auf die Gefahr hin, dass ich mich nachher rechtfertigen muss – selbst, wenn ich nicht dafür verantwortlich bin, was damals passiert ist. Zum anderen wollte ich, dass es so geschrieben wird, dass es auch der Durchschnittsleser versteht. Ich bin froh, dass das gelungen ist; es gibt keine Publikation des Dokumentationsarchivs, die so oft verkauft worden ist.

Zurück in die Gegenwart: Hättest du den Stadionnamen auch verkauft?

Ja, das war meiner Meinung nach alternativlos. Schließlich finanziert die Allianz ein Drittel der Baukosten, ohne sonst großartig etwas zu fordern. Im Gegenteil, die Herren der Allianz sind ein angenehmer Sponsor. Dass ein großes Banner mit der Aufschrift Weststadion über der neuen West hängt, stört dort niemanden. Gegen Ende meiner letzten Amtsperiode *(Anm.: 2010–2013)* haben wir festgestellt, dass die Fixkosten immer höher wurden, die Einnahmen demgegenüber aber stagnierten. Man hat sich somit ausrechnen können, wo wir in ein paar Jahren gestanden wären. Deshalb war das neue Stadion unabdingbar und essenziell. Nebenbei hat sich auch das Budget sprunghaft erhöht. In meiner letzten Funktionsperiode lag es bei rund 20 Millionen Euro, jetzt sind es 30 Millionen. Das ist ein erheblicher Unterschied.

Der Abschied von Steffen Hofmann steht an …

Ich habe mich nie in Spielertransfers eingemischt, außer, als er 2006 aus München zurückkam. Ich wusste von seiner Schwiegermutter, dass er dort nicht glücklich ist. Als ich beruflich in München zu tun hatte, haben wir uns zum Abendessen getroffen. Ich habe ihm angeboten, zu denselben Konditionen wie davor zurückzukommen – obwohl die sportliche Leitung damals dagegen war. Mehr war nicht drin. Nach zwei Tagen hat er mich angerufen und zugesagt. Werner Kuhn hat dann den Vertrag unter Dach und Fach gebracht.

Ich kann der Ära Matthäus bei uns nur wenig Gutes abgewinnen, aber, dass der Steffen bei uns gelandet ist, haben wir ihm zu verdanken.

Wie hat sich seine Entlassung damals zugetragen?

Es war keine einfache Situation, schließlich ist er als Weltmeister und 150-facher deutscher Nationalspieler nach Wien gekommen. Ohne jetzt näher ins Detail gehen zu wollen – es hat einfach nicht gepasst und deshalb war die Entlassung unabdingbar, auch gegen den Widerstand der Fans. Ich kann mich noch an den 1. Mai 2002 erinnern. Während des Spiels gegen die Admira wurde er von den Fans akklamiert, nach dem Spiel haben Sigi Menz *(Anm.: damals Vizepräsident)* und ich ihn in die Ottakringer Brauerei gebeten und ihm seine Entlassung mitgeteilt.

(Anm.: Der Block West streikte in den letzten Spielen der historisch schlechten Saison 2001/02. Rapid wurde am Ende Achter. Beim vorletzten Spiel gegen die Admira blieben die Mittelblöcke des ersten Ranges der C/D-Kurve gesperrt. Davor hing ein Transparent mit der Aufschrift: WEGEN FERIEN GESCHLOSSEN! Die West sprach Matthäus von aller Schuld frei, bewies damit wohl wenig Sachkompetenz und bedachte ihn mit Sprechchören und dem Spruchband: LOTHAR SOLL BLEIBEN – AHNUNGSLOSES PRÄSIDIUM SOLL SCHWEIGEN! Im folgenden Spieltagsflyer stand damals: Lothar Matthäus hat nach dem 3:2 gegen die Admira bewiesen, dass er sehr wohl versteht, was es heißt, für Rapid arbeiten zu dürfen und hat mit Ultras Rapid-Schal den

Weg unter die Kurve angetreten. (…) So wie die meisten von Euch sind wir ebenfalls der Meinung, dass man Matthäus eine volle Vorbereitung in Ruhe arbeiten lassen sollte und so werden wir auch heute im 15-Minuten-Takt „Lothar Matthäus“ skandieren.)

…

Rapid tat sich heute auch gegen die mittellosen St. Pöltner, die relativ hoffnungslos am Tabellenende standen, sehr schwer mit dem Tore Schießen. „Dramatisch feldüberlegen, aber vor dem Tor unterirdisch“, schrieb der Kurier am Tag danach. Das 1:0 gelang zwar endlich einem Stürmer, aber ansonsten war das nicht sonderlich aufregend zum Anschauen. Am Ende musste man wieder bis zum Ende zittern und Angst haben, dass den sogenannten Wölfen aus Niederösterreich nicht doch noch ein Tor passierte. Zum Glück geschah das nicht und so gab es wieder einen 1:0-Sieg. In den kommenden Wochen sollten ganz andere Gegner warten … Zumindest waren wir die einzigen Grünen, die an diesem Wochenende was zu lachen hatten

Erwähnenswert auch ein Spruchband der UR während des Matches: Der Indianer wünscht dir viel Kraft – kämpfen Koby! Rudi Koblowsky, von dem später noch die Rede sein wird, wurde der rechte Fuß amputiert. Selbst die Grazer Kurve, die einen Tag später gegen die Austria spielte, schloss sich an und schrieb: Vordenker und Kämpfer für Ultras in Österreich, gute Besserung Koby! Die Fans der Salzburger Austria zogen eine Woche später nach und fanden ebenfalls aufmunternde Worte.

Derby II: Von Strizzis, Ganoven und Hasen

Das 323. große Wiener Derby stand an. Gespielt wurde im Prater, da das Stadion der Austria, das auch nach einer Versicherung benannt ist, gerade umgebaut wurde. Die Veilchen hatten im Gegensatz zu Rapid einen kleinen Negativlauf und darüber hinaus noch einige Verletzte zu beklagen. Wir gingen somit als Favorit ins Rennen – eine Rolle, die uns nicht wirklich taugt. Der aktive Teil der Rapidler traf sich schon einige Stunden vorher unter dem Riesenrad. Von dort ging es per pedes ins Stadion.

Apropos Pratermilieu: Die Lords Rapid machten wie schon beim ersten Derby eine tolle Choreo. Der Rote Heinzi, eine verstorbene Rotlichtgröße, und der Pumpgun-Ronny, seines Zeichens berühmter Bankräuber und sicher Rapidler, kamen zu choreographischen Ehren. Gegenüber feierten die Fanatics der Austria, die eigentlich am 29. September 2001 gegründet wurden, am heutigen 22. Oktober 2017 ihr „1Sjähriges Bestehen" – nicht ganz fehlerlos. Kann man verstehen, muss man aber nicht.

Das Wetter war feucht und schiach. Das Match war in weiterer Folge ziemlich bescheiden und der Zuschauerzuspruch an und für sich eine Gemeinheit. Zu nicht einmal 15.000 Zuschauern fällt mir nichts anderes ein. Auch wenn mehr als die Hälfte auf Seiten der Grünen war, so ist das doch zu wenig für das große Wiener Fußballderby. Nach dem zu urteilen, was die Spieler auf dem Feld boten, hatten sie aber auch nicht mehr verdient. Es war schon grausam. Die Austria war, wie zu erwarten, schwer am Sand und beim SCR hatte man nach wie vor große Probleme, sobald man vor das gegnerische Tor kam. Durch ein so wohl nicht gewolltes Schobesberger-Tor gewann Rapid am Ende aber doch noch, zum dritten Mal im Folge 1:0, und festigte Platz 3. Man kann auch grottenschlecht spielen und trotzdem verdient gewinnen.

Wenigstens konnte man mit den UR lachen: MEHR HASEN ALS FÜR IHN LAUFEN NUR FÜR AUSTRIA WIEN – RIP HUGH HEFNER.

Nach dem Spiel passierte nicht mehr viel, trotzdem provozierte die Polizei wieder einen Wickel, als die aktive Szene schon längst von dannen gezogen war. Man sieht sich als Ultra(s) ja gern in der Opferrolle, aber solche Polizeieinsätze gehören definitiv hinterfragt, im Zuge derer ein unterbelichteter Kiberer seiner Profilneurose freien Lauf lässt. Wäre ja kein Derby, wenn nichts in der Zeitung stünde! Die Rechtshilfe Rapid sprach von 22 Verletzten durch Pfefferspray-Einsatz, darunter zwei Kinder, und drei weiteren Verletzten durch den Einsatz von Schlagstöcken bzw. durch Faustschläge. Die Polizei sah das natürlich anders: „Vermummte Fans haben Beamte mit Wurfgeschossen attackiert. Deshalb gab es auch zielgerichtete Pfefferspray Einsätze", erklärte ein Polizeisprecher.

…

Zwölf Jahre zuvor – Das Didulica-Derby

Wir verlassen kurz die chronologische Reihenfolge in der Rapid-History und drehen das Rad der Zeit um zwölf Jahre zurück. Auf den Tag genau, am 22. Oktober 2005, fand ebenfalls ein Auswärtsderby statt, das im damaligen Horr-Stadion der Austria ausgetragen wurde. Gespielt wurde – und das ist für ein Wiener Derby eher unüblich – an einem Samstagabend. Es ging als das sogenannte Didulica-Derby in die Geschichte ein und war in mehrerlei Hinsicht bemerkenswert.

Kurz zur Vorgeschichte. Im Mai 2005 war Rapid nach langer Durststrecke wieder Meister geworden. Die Tellerübergabe fand beim Heimspiel gegen die Austria statt. Rapid trug das Spiel im großen Happel-Stadion aus, um möglichst viele Zuschauer anzulocken und verlor leider 0:1. Für die größte Aufregung sorgte aber Austria-Tormann Didulica, der zu Beginn der zweiten Halbzeit den UR-Schal aus dem Tor entfernte, was die Emotionen schon ordentlich hochgehen ließ. In der Folge foulte er dann aber auch noch den Rapid-Stürmer Lawaree schwer. Knie traf Gesicht, Didulica flog vom Platz, der Rapidler musste mit einem Nasenbeintrümmerbruch ins Krankenhaus.

Der Austria-Torhüter erhielt eine Geldstrafe, eine Gerichtsverhandlung und wurde für acht Spiele gesperrt. Da Didulica beim ersten Derby der folgenden Saison in Hütteldorf noch gesperrt war, fand am 22. Oktober 2005 das erste Aufeinandertreffen zwischen Didulica und uns bzw. Lawaree statt. Tatort war das Horr-Stadion am Verteilerkreis in Wien-Favoriten, wo Rapid das letzte Mal 1986 gewinnen konnte.

In der Rapid-Fanszene machte man sich Gedanken: Wie sollte man dem erklärten Feind am besten schaden, ohne allzu große Sanktionen wie Sperren, Stadionverbote oder Geldstrafen zu riskie-

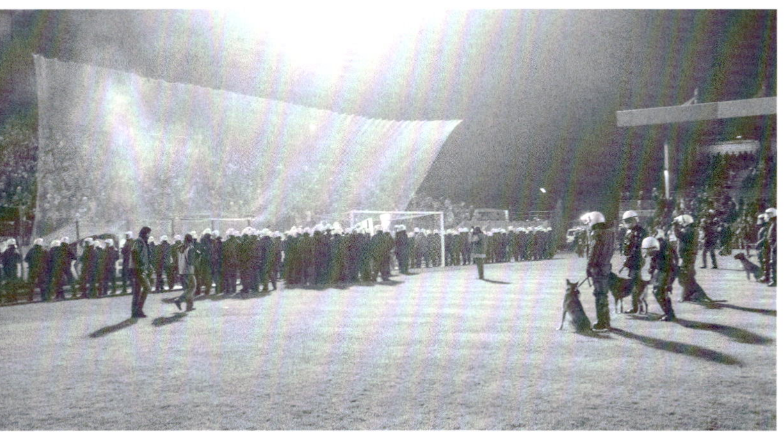

Die Polizei trat massiv auf, um einen möglichen Platzsturm zu verhindern, dabei war dieser gar nicht geplant.

ren, aber doch das Gesicht wahren können? Wie immer in solchen Fällen war es sehr schwierig abzuwägen, was und vor allem wie es gemacht werden soll.

Wir sammelten uns mit rund vierzig Leuten im Einheitslook (schwarze Schuhe, Jeans und gleiche Jacke) bei unserem Stammlokal *Palme,* danach ging es öffentlich zum Verteilerkreis.

Lawaree verweigerte vor dem Spiel den Handschlag, was der andere mit einem Grinsen zur Kenntnis nahm.

Zu Spielbeginn gab es bei uns im Gästeblock alibihalber eine Überrollfahne, und als besagter Torhüter auf unser Tor kam, ging's los. Fackeln, Rauch und Leuchtstifte wurden gezündet. Ein Teil davon fand sich gleich darauf am Spielfeld wieder, genauso wie Golfbälle und Wurfgeschosse aller Art. Das Match wurde erwartungsgemäß unterbrochen. Die Kiberei rückte an und positionierte sich im und vor dem Sektor. Die Mannschaften tauschten die Hälften und das Match wurde neuerlich angepfiffen. Die Austrianer, deren Spielerbus schon vorher heftig attackiert worden war, schienen mit der aufgeladenen Situation sichtlich schlechter umgehen zu können als die Unsrigen und somit stand es zur Halbzeit 1:0 für Rapid. Torschütze war ausgerechnet Axel Lawaree. Zur zweiten Halbzeit kam Didulica wieder zum Tor vor unserer Kurve. Wieder gab es Krawall, aber der Schiri pfiff trotzdem an, zum Glück. Wenn es einen Fußballgott gibt, dann war er an jenem Tag auf alle Fälle auf unserer Seite. Um unsere Revanche perfekt zu machen, gelang Marek Kincl in der zweiten Hälfte noch das 2:0. Es war der erste Sieg, den unsere Generation in Favoriten erlebte.

Der Kurier fasste am Tag danach zusammen:

18:31 Uhr: Austria gewinnt die Platzwahl. Kapitän Dospel entscheidet, Didulica in Hälfte eins in das Tor vor den Rapid Fans zu stellen. Doch als der Keeper dorthin läuft, fliegen dutzende Feuerwerkskörper, die das engmaschige Netz durchdringen können, in seine Richtung. Rapid Kapitän Hofmann will beruhigen, geht in den Strafraum und hilft mit, Wurfgegenstände zu beseitigen.

18:36 Uhr: Das Großaufgebot der Polizei berät mit Schiedsrichter Plautz. Die Spieler nehmen wieder Reißaus, als ihnen die nächsten Kracher um die Ohren fliegen. Behelmte Polizisten bilden einen Sicherheitskordon vor dem Rapid Sektor. Im erhitzten Raum steht eine Frage: Wie konnten Raketen ins Stadion geschleust werden?

18:48 Uhr: Beide Teams kommen wieder raus. Der Rapid Vorschlag, Didulica in beiden Hälften vor der violetten Westtribüne spielen zu lassen, wird von Austria Sportchef Stöger abgelehnt. Trainer Schinkels sagt: „Man spürt den Hass. Ich habe Angst um meine Spieler. Trotzdem soll man deshalb nicht die Regeln ändern."

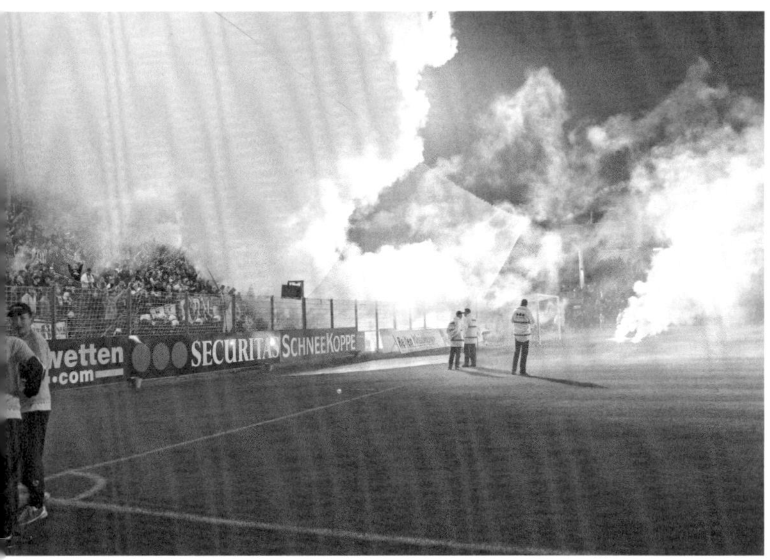

Impressionen vom exzessiven Pyro-Einsatz beim „Didulica-Derby" im Oktober 2005.

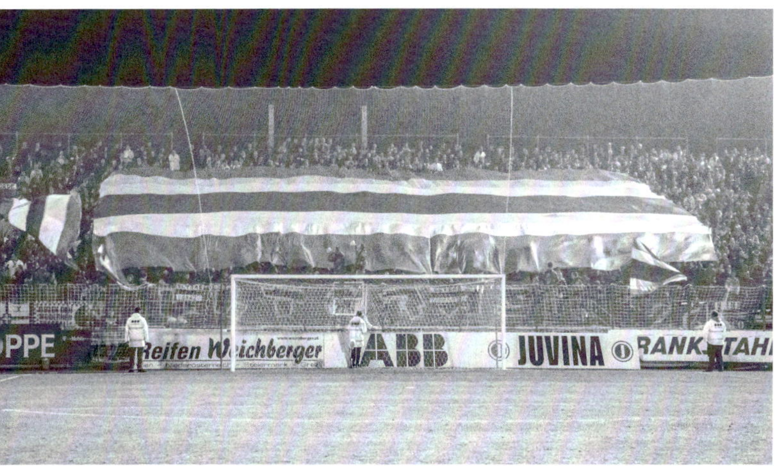

Pro Forma wurde zum Einlaufen der Mannschaften eine Blockfahne hochgezogen. Darunter wurden die Wurfgeschosse in Stellung gebracht.

18:58 Uhr: Die Alarmabteilung der Polizei bildet zwei Sicherheits-Linien. Referee Plautz sagt: „Ich pfeife an. Wenn es aber noch einen einzigen Vorfall gibt, wird abgebrochen." Die Rapid Fans, die ein Transparent im Stile einer Totenanzeige gespannt hatten (JOSEPH ANTHONY DIDULICA, 14.10.1977 – 22.10.2005) beruhigen sich. Stöger meint: „Wenn ich so etwas sehe, hört sich alles auf!"

Nach dem Spiel schepperte es am Verteilerkreis munter weiter. Es gab aber keine Verhaftungen, lediglich ein paar Krisensitzungen beim SK Rapid in den folgenden Tagen.

Die beiden Derbys im folgenden Frühjahr wurden ins große Happel-Stadion verlegt. Unter dem Pseudonym (Rache)Kommando 26/05 präsentierten wir einige Spruchbänder: RUN JOEY RUN!; HEY BASTARD, WEISS DEINE MUTTER, DASS DU HIER BIST?; STRAFFREIHEIT FÜR DIDULICA? LASST UNS DIE RICHTER SEIN!

Danach hatte sich das Thema Didulica von selbst erledigt, er wechselte nach Holland. Dort musste er ein paar Jahre später seine Karriere wegen einer Kopfverletzung beenden.

Hey, Bastard, schlechtes Karma?

25. Oktober 2017, Cup Achtelfinale, FK Austria – SK RAPID 1:2

Extraderby: Die Nummer eins in Wien sind wir!

Nur drei Tage nach dem Derby in der Meisterschaft ging es wieder in den Prater. Nachdem einen Tag vorher auch die beiden Amateurteams aufeinandergetroffen waren, fanden die Derbydays ihren krönenden Abschluss. Ein Derby im Cup passiert eher selten, das letzte hab ich sogar noch miterlebt. Im Finale von 2005 gewann die Austria an selber Stelle, trotz 1:0 Führung von Rapid, noch mit 3:1. Dem Rapidanhang war das damals aber ziemlich wurscht, schließlich war der SCR ein paar Tage zuvor ja zum 31. Mal Meister geworden. Zwischendurch spielten wir auch mal gegen die Austria-Amateure, schafften es dort aber erst im Elfmeterschießen weiterzukommen. Das letzte Doppelback-Derby gab es im September 1981, als man ebenfalls innerhalb von drei Tagen zwei Mal aufeinandertraf.

Obwohl am nächsten Tag der Nationalfeiertag anstand, kamen wieder nicht mehr als 15.000 Zuschauer ins weite Rund. Es waren sogar noch weniger Austrianer als drei Tage zuvor. Die Violetten sind ja nicht einmal viele, wenn sie gewinnen, aber wenn sie verlieren, dann kommt bei denen überhaupt niemand mehr. Das scheint in deren DNA zu liegen. Dazu gab es schon anno 2004 einmal ein leiwandes Spruchband, das wir von der Gradinata Nord von Genoa kopiert haben: WIR EXISTIEREN UM ZU GEWINNEN – IHR EXISTIERT NICHT EINMAL WENN IHR GEWINNT!

Die Violetten spielten zwar besser als am Sonntag zuvor, die Grünen aber auch. 1:0, 1:1 und am Ende hieß es 2:1 für Rapid. Schobesberger gelang, was ihm sonst nie gelungen ist, ein perfektes Freistoßtor. Unglaublich! Zwei Derbysiege innerhalb von so wenigen Tagen waren historisch. Die Saison schien langsam aber sicher in die richtige Richtung zu gehen …

…

Ernst Happel – Grantiger Zauberer und Wödmasta

Das Praterstadion trägt seit 1992 den Namen eines großen Rapid-Spielers und vielleicht noch größeren -Trainers: Ernst Happel. Das Stadion wurde seinerzeit als österreichisches Nationalstadion konzipiert. Seine Geschichte begann mit der Grundsteinlegung am 12. November 1928, dem 10. Jahrestag der Ersten Republik. Die Eröffnung erfolgte zwei Jahre später anlässlich der 2. Arbeiterolympiade, die die Sozialistische Arbeiter-Sportinternationale an die Genossen nach Wien vergeben hatte. In den 1930er Jahren erlebte es die großen Spiele des Wunderteams. Rapidler spielten dort aber kaum eine Rolle.

Nach einem bedrückenden Zwischenspiel während des Zweiten Weltkriegs, als das Stadion als Sammelstelle und Gefängnis für über tausend jüdische Männer diente und damit quasi Vorhof des Konzentrationslagers Buchenwald war, wurde nach dem Krieg wieder Sport betrieben. Fußball sowieso, aber auch Boxen und Speedwayrennen standen auf dem Programm. 1956 wurde das Stadion mit einem dritten Rang versehen und vier Flutlichtmasten errichtet. Bis zu 90.000 Zuschauer passten damals hinein.

In den 1980er Jahren wurde das Stadion aufwändig renoviert und erhielt ein Dach. Die Kapazität verringerte sich auf 55.000. Die letzten Adaptierungen erlebte das Stadion im Zuge der EM 2008. Viele große Rapid-Spiele, vor allem im Europacup, hat es dort gegeben, der Prater galt immer als Ort für besondere Spiele.

Unsere Generation hat das riesige Prateroval nie liebgewonnen, weil die Stimmung dort meistens bescheiden war. Als Rapid in den Jahren 2001 und 2002 aufgrund des Stadionumbaus in Hütteldorf viele Spiele dort austragen musste, kamen oft nur wenige tausend Zuschauer. Kein Wunder, bei Tabellenplatz 8 am Ende der Saison 2001/02. Geändert hat sich das mit dem 3:0 gegen den HSV 2009. Stimmung und Atmosphäre schienen im weiten Stadionrund doch möglich zu sein.

Ich wohne in Breitensee, da ist der Meiselmarkt, wo der alte Rapidplatz stand, nicht weit. Dort wuchs auch der junge Ernst Happel auf. Seine Vorfahren stammten aus Tschechien. Klaus Dermutz beschreibt in seiner Ernst-Happel-Biografie dessen Jugend: „Happel hieß zunächst Ernst Nechiba, seine Mutter Karoline brachte ihren Sohn ledig zur Welt und heiratete ein Jahr nach der Geburt ihres Kindes den Wirt Franz Happel, der das Kind als Stiefsohn annahm. Seinen leiblichen Vater hat Ernst Happel nie gesehen. Franz Happel betätigt sich als Gewichtheber, nimmt sich nicht viel Zeit für den heranwachsenden Sohn. Der großgewachsene Stiefvater betreibt im 9. Gemeindebezirk ein Wirtshaus, spricht dem Alkohol zu, flüchtet aus einem deprimierenden Alltag in ausgedehnte

Sauftouren, kommt bisweilen drei Tage nicht nach Hause. Auch Mutter Karoline führt ein Wirtshaus. Ein Familienleben existiert nicht. Die Ehe zwischen der Mutter und dem Stiefvater hält nicht lange, Happel sieht sich als Opfer der Scheidung, ist enttäuscht von den Eltern und auch böse auf sie. Happels Großmutter nimmt den Vierjährigen in ihre Obhut, er wächst bei ihr in der Huglgasse 3 im 15. Bezirk auf. Zwar hat der junge Happel das Gefühl, von den Eltern abgeschoben worden zu sein, doch er empfindet große Zuneigung zur Großmutter. Sie betreibt einen Stand am Meiselmarkt, den er in den Krisenjahren oft aufsucht, um seinen Hunger zu stillen."

Mit dreizehn Jahren bestritt er ein Aufnahmetraining bei Rapid, obwohl er glühender Admira-Fan war. Jugendtrainer Nitsch nahm ihn zusammen mit den Körner-Brüdern Alfred und Robert sofort auf. Mitten im Krieg, am 13. Dezember 1942, debütierte der damals Siebzehnjährige in der ersten Mannschaft auf der Position des Stoppers. Ihm werden brillante Technik und Souveränität am Ball bescheinigt. „Und er war auch ein großer Showman, einer, für den Fußball nicht immer todernst ablaufen muss", heißt es in *RAPID – 100 Stars in Grün-Weiß*. „Walter Zeman, der Mann hinter Happel im Tor, konnte davon ein Lied singen – legendär die Befehle Happels an seinen Schlussmann, legendär wie Happel den Keeper provozierte: ‚Was willst du sein, der Tiger von Glasgow? Du bist der A… von Hütteldorf', legendär wie Zeman manchmal die Geduld riß."

Von 1942 bis 1954 und dann nochmal von 1956 bis 1958 spielte der „Zauberer" oder „Aschyl", wie er aufgrund seiner Ähnlichkeit zu einem türkischen Schauspieler auch genannt wurde, für Rapid. Zwischendurch zog es ihn für zwei Jahre zu Racing Paris.

1949 reiste Rapid zum 50-jährigen Vereinsjubiläum nach Südamerika. Auf einer zweimonatigen Tourneereise nach Brasilien entwickelten Happel, Sektionsleiter Binder und Trainer Pesser das berühmte brasilianische System, in dem Happel als Stopper (Libero) eine Schlüsselrolle spielte.

Dieses System funktionierte wie eine Ziehharmonika. Zu seinen wesentlichen Merkmalen gehörte neben dem konsequenten Decken des Gegners die Elastizität aller Mannschaftsteile. Man konnte mit neun Mann angreifen oder sich in die Abwehr zurückziehen. Technik und Ausdauer waren dabei unerlässlich.

Mit diesem System gelang auch einer der größten Rapid-Siege aller Zeiten. Am 14. November 1956 traf Rapid auf Real Madrid.

Di Stefano. Zeman, Halla, Happel, Golobic, Hanappi, Gießer, Körner I, Riegler, Dienst, Körner II und Höltl schmissen das weiße Ballett beinahe aus dem Europacup. Es war das erste Spiel in Österreich, das unter Flutlicht ausgetragen wurde. (Das erste Spiel unter Flutlicht weltweit wurde übrigens bereits einige Jahre vorher, am 14. Oktober 1878 (!) an der Bramall Lane in Sheffield ausgetragen.)

Nachdem man in Madrid 2:4 verloren hatte, siegte man in Wien vor 53.000 Zuschauern mit 3:1. Ernst Happel schoss alle drei Tore. Günther Allinger schildert in *Das Große Rapid Buch* die Situation: „Da gab es für die Wiener Zuschauer kein Halten mehr. Sie sprangen von den Sitzen, umarmten einander und warfen die Hüte in die Luft. Plötzlich herrschte eine Madrider Atmosphäre im weiten Prateroval. Man muss Happel für diese Leistung danken. Und man soll, wenn man mit dem 3:1 unzufrieden ist, nicht vergessen, dass vor dem Spiel fast niemand überhaupt an die Möglichkeit eines Sieges gedacht hatte."

Die Auswärtstorregel gab es damals noch nicht. Das Entscheidungsspiel verkaufte Rapid an Real, weshalb es einige Wochen später in Spanien ausgetragen wurde. Es ging dann leider 0:2 verloren.

Als Libero machte Happel ein herausragendes Stellungsspiel und besaß eine hervorragende Technik. Eine gewisse Lauffaulheit kompensierte er, indem er die Abseitsfalle perfektionierte. Ein Pfiff genügte, um die Verteidigung zwei Schritte nach vorne treten zu lassen. Er wurde als Spieler mit Rapid sechs Mal Meister, einmal Cupsieger und Zentropacupsieger. Mit dem Nationalteam wurde er 1954 Dritter bei der WM in der Schweiz.

Den Grundstein für seine großartige Trainerkarriere legte er als Sektionsleiter in Hütteldorf. Rapid wurde Meister und Cupsieger. Danach zog es ihn in die weite Welt. In den folgenden dreißig Jahren holte er achtzehn Titel in Belgien, Holland, Deutschland, Spanien und zu guter Letzt nochmals in Österreich mit dem FC Tirol. Er ließ seine Teams aggressives Pressing spielen. Während damals noch Manndeckung gespielt wurde, ließ Happel im Raum verteidigen. Mit Feyenoord und dem HSV gewann er jeweils den Europacup der Landesmeister. Alle Klubs sollten später nie wieder an die glorreichen Zeiten unter Happel anschließen können. Mit den Holländern wurde er auch noch Weltpokalsieger. Weltmeister wurde der Wödmasta aber nicht. Mit den Niederlanden reichte es 1978 nur zum Vizeweltmeistertitel.

Unzählige Geschichten ranken sich um den Kettenraucher Happel. In Rotterdam kam er sogar mal wegen Trunkenheits am Steuer für einige Tage in Haft. Während seiner Hamburger Zeit sorgte Manager Günter Netzer dafür, dass sich in der Nähe der Trainingslagerhotels stets ein Casino befand. Er habe immer mit kalkuliertem Risiko gespielt, erklärte Happel. „Ja, bei mir werden sie nicht reich, ich trag' nicht mein ganzes Geld ins Casino, so blöd werde ich nicht sein. Ich bin doch überzeugt, dass man im Casino nichts gewinnen kann, aber ich spiele so, dass ich einen Überschuss habe oder pari dran bin. Ich kann aufhören, wenn ich verlier, und wenn ich gewinne, hör' ich auch auf", zitiert ihn Klaus Dermutz.

Der Journalist Karl Koban erinnerte sich kurz nach Happels Tod: „In Berlin war er einmal mit dem HSV bei einem Hallenturnier, die Austria hat auch g'spült. Ich hab den HSV vom Flughafen abg'holt. ‚Wo is des Casino?' fragte er mich. Das Casino war direkt im Hotel. ‚Klass, da kann I mit de Patschen in de Werkstatt gehen!' Diese Quartiere hat er geliebt."

Fußball, Casino, seine Belga Tschick und das Kaffeehaus – sein liebstes war das Café Ritter auf der Ottakringer Straße.

Legendär auch sein Abkanzeln der anwesenden Journalisten während seiner Trainerstationen. Meist antwortete er nur sehr einsilbig oder hielt die Presse mit Schweigen am Schmäh.

Woher kam der Grant? Johann Skocek, Journalist der besseren Sorte, schrieb dazu: „Happel hatte die Gnade des Grants. Er war nicht anfallsweise grantig. Sein Grant kam von tief drinnen und diente wie jede wahre Tugend der Wahrung der persönlichen Würde. Nur Menschen, die ihn nicht wirklich kannten, und das waren 99,99 periodisch Prozent der Weltbevölkerung, fühlten sich durch seinen Grant verletzt, nicht ahnend, dass der nicht persönlich, sondern pädagogisch gemeint war."

Er starb nach langer Krankheit am 14. November 1992 um 17.17 Uhr an Lungenkrebs in Innsbruck. Die Bundesligapartien in Österreich und Deutschland gingen zeitgleich mit seinem Abschied zu Ende. Rapid traf in Wien auf die Admira. Michi Hatz traf in der 92. Minute (!) zum 1:0. Begraben ist er am Hernalser Friedhof in Wien. Posthum wurde er zum österreichischen Trainer des Jahrhunderts gewählt. Am 14. November 2017, sein Todestag jährte sich zum 25. Mal, sollte Österreich gegen Uruguay spielen und 2:1 gewinnen.

Wie lange das Happel-Stadion indes noch stehen wird, scheint nicht ganz gewiss. Nur wenige Wochen nach der Angelobung der neuen Regierung 2017 meinte der neue Sportminister Strache von der FPÖ in der Hoffnung auf ein neues, moderneres Nationalstadion: „Das Happel-Stadion gehört niedergerissen, der unsinnige Denkmalschutz darf nicht schlagend werden."

...

Das erste Meisterschaftsspiel, das live im Fernsehen übertragen wurde, war natürlich auch ein Derby. Am 27. April 1958 schauten 150.000 Zuschauer im Fernsehen zu, als sich die Kontrahenten 1:1 trennten. Ins Praterstadion selbst hatten sich lediglich 6.000 Besucher verirrt. Diese äußerst geringe Zuschauerzahl war natürlich ein Ausrutscher nach unten, schließlich hatte Rapid in den ersten zehn Jahren nach dem Zweiten Weltkrieg stets einen Zuschauerschnitt von 15 – 20.000 gehabt und somit schon damals mehr als die Austria. Aber die Zuschauerzahlen gingen seitdem kontinuierlich zurück. Das hatte damit zu tun, dass sich Anfang der 1950er Jahre das Freizeitverhalten der Bevölkerung änderte. Die Zeiten des beschwerlichen Wiederaufbaus waren langsam vorbei. Es gab plötzlich Alternativen zum billigen Fußballkonsum und vor allem die Jugendlichen fanden Zugang zu zahlreichen neuen Freizeitmöglichkeiten. In den Jahren 1954 bis 1958 halbierte sich der Zuschauerschnitt der vier großen Wiener Vereine.

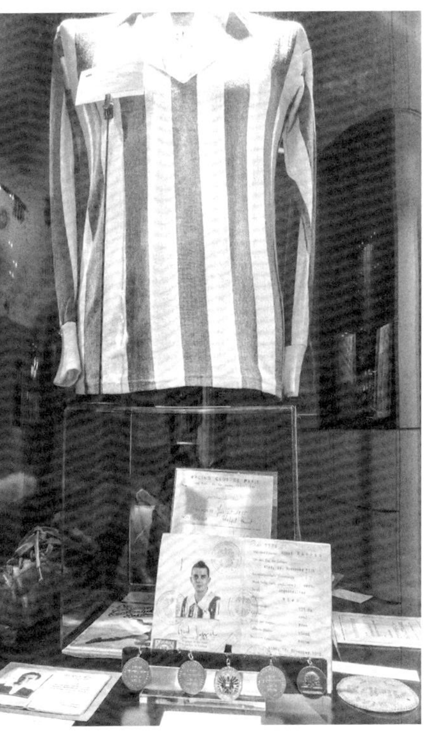

Happel-Schrein im Rapideum, interessant die Visitenkarte aus seiner Zeit als Rapid Sektionsleiter links oben. Keine Adresse, keine Telefonnummer, nur der Name. Typisch Happel. Als ob er sagen würde: „Da haben S' mei Koarten, machen S' damit, was woll'n."

28. Oktober 2017, 13. Runde Meisterschaft,
SK RAPID – Admira Wacker 1:0

KRANKL!

Nach den erfolgreichen Derbys ging es gegen die Admira. Wieder betrieb Rapid viel Aufwand, aber wieder trafen die Stürmer nicht. Zum damaligen Zeitpunkt sollte das aber egal sein. Solange irgendeiner, in dem Fall war es Schaub, die Kugel irgendwie über die Linie brachte, konnte es so weitergehen. Es war der siebte Erfolg in Serie, das vierte 1:0 in der Meisterschaft hintereinander.

Eine Geschichte, die zum Spiel gegen die Admira passt? Schwierig, aber Hans Krankl geht immer.

…

„Hans Krankl war leidenschaftlicher Rapidler, aber vor allem leidenschaftlicher Hans Krankl-Fan", schrieben die Kollegen vom Ballesterer vor einigen Jahren in ihrer Krankl-Story. Und es stimmt: Der Rapidler des Jahrhunderts (gewählt durch Stimmabgabe der Rapidfans anlässlich der 100-Jahr-Feier im Jahr 1999) scheidet noch immer die Geister. Zum einen nimmt er nie ein Blatt vor den Mund, zum anderen steht ihm vielleicht zu oft einfach sein Ego im Weg.

Im Frühjahr 1971 lief der damals achtzehnjährige Johann Krankl das erste Mal für Rapid auf. Der gelernte Automechaniker hatte allerdings leichte Anlaufschwierigkeiten bei Grün-Weiß und wurde an den Wiener AC verliehen. Dort begann er dann ernsthaft mit dem Tore Schießen. Nach 26 Toren in 27 Spielen holte ihn Rapid zurück und die Erfolgsgeschichte nahm ihren Lauf. Bis 1978 blieb er in Hütteldorf. Er erzielte sieben (!) Tore beim 11:1 gegen den GAK (Frühjahr 1977), er schoss die letzten Tore auf der Pfarrwiese (Frühjahr 1978), gewann im selben Jahr den Goldenen Schuh und besiegte die Deutschen 3:2 in Cordoba.

Barcelona rief, Krankl folgte und wurde mit den Katalanen Europacupsieger. Mit Trainer Rife verstand er sich nicht und wollte im Winter 1979/80 schon wieder weg. Nach Wien. Rapid lehnte ab: „Zu teuer." Die Vienna sah das anders und engagierte Krankl, der es sich daraufhin nicht nehmen ließ, postwendend im blau-gelben Trikot Rapid in der Meisterschaft zu demütigen. 1:0 für die Vienna im Hanappi-Stadion, Torschütze Krankl. Das Rückspiel auf der Hohen Warte gewann die Vienna 4:0. Seine Gestik in Richtung Rapid soll recht eindeutig gewesen sein.

Krankl ging wieder nach Barcelona, musste dort aber bald Bernd Schuster weichen und kehrte dieses Mal nach Hütteldorf zurück, auch wenn er genauso gut in Mailand hätte auf Torjagd gehen können. Wolfgang Gran bilanziert in seinem Buch *Krankl:* „Man muss sich das einmal vorstellen: Zu einer Zeit, in der Italien eben erst die Grenzen für ausländische Spieler geöffnet und zwei pro Klub erlaubt hatte, wollte AC Milan den Hans Krankl. Und der sagte nein, weil er ‚ang'rührt' war und blieb für einen Bruchteil des Geldes in Wien, wo man ihm monatelang nicht sagen konnte, ob man ihn sich überhaupt leisten kann. Obwohl er danach mit Rapid zu Höhenflügen und Meistertiteln durchstartete, tut ihm das heute leid: ‚Ich darf nicht daran denken, was ich jetzt hier in Italien sein könnte, wenn ich damals zu Milan gegangen wäre.'" Erst einige Monate nach seiner Rückkehr wurde bekannt, dass Krankl die Leihgebühr von 50.000 Dollar selbst ausgelegt hatte. Um ihn im Sommer fix erwerben zu können, führte Rapid für das Frühjahr 1981 einen Zuschlag auf die Eintrittskarten ein, den sogenannten Krankl-Schilling.

Es folgten die erfolgreichsten Rapid-Jahre der Neuzeit. Zwei Meistertitel, drei Cupsiege und das Europacupfinale in Rotterdam erreichte Rapid in den frühen 1980er Jahren mit Krankl als treffsicherem Sturmtank. Seinen größten Gegner hatte Krankl wohl ohnedies im eigenen Team. Legendär sind die Wickel mit Rapids Ehrenkapitän Heribert Weber.

Nach dem verlorenen Europacupfinale gegen Everton zerfiel die große Rapid-Mannschaft. Krankl zerstritt sich im Winter der Saison 1985/86 mit der Klubführung wegen eines geplanten Trainingslagers in Usbekistan und verbrachte seine letzten Jahre als Spieler beim Wiener Sport-Club, in Krems und schlussendlich bei der Salzburger Austria.

In seiner Karriere als Spieler holte Krankl viele wichtige Titel, als Trainer blieb ihm indes ein Titelgewinn verwehrt. Im Sommer 1989 wurde der damals 36-Jährige als neuer Rapid Trainer präsentiert. In seinen drei Jahren auf der Trainerbank gab es zwei verlorene Cupendspiele (gegen die Austria und Stockerau), sein Berater, Rechtsanwalt Skender Fani, war an der Gründung der leidigen Rapids AG beteiligt, die Rapid ein paar Jahre später fast in den Abgrund riss.

Auch wenn Krankl für die geringe Erfolgsbilanz seiner Trainerjahre bei Rapid gern ein grausames Schicksal oder jedenfalls andere verantwortlich machte, lag es doch wohl zum Großteil an ihm selbst. „Hans Krankl musste noch lernen und das auch aus eigenen Fehlern", konstatiert Wolfgang Gran nüchtern. Nach seinem endgültigen Abschied aus Hütteldorf folgten weitere Engagements bei Tirol Innsbruck, bei Fortuna Köln, Gerasdorf, Austria Salzburg und dem LASK. Ein paar Mal trainierte der große Musikliebhaber und bekennende Familienmensch Krankl auch die Admira. Das Nationalteam coachte er auch, ohne jedoch eine Qualifikation für ein großes Turnier zu schaffen.

Sein Verhältnis zu Rapid bleibt ein schwieriges, egal, wer nun gerade am Ruder war oder ist. In seiner Kolumne für das Schundblattl Österreich oder als Experte bei Sky schießt er nach wie vor den ein oder anderen giftigen Pfeil Richtung Keißlergasse.

Das letzte Wort gehört dem Ballesterer: „Es ist schwierig, ein Fan von Hans Krankl zu sein. Es ist schwierig, kein Fan von Hans Krankl zu sein. Im Zweifelsfall schlägt das Pendel aber zu jener Seite aus, auf der er steht, den Ball annimmt, Gegner und Mitspieler nicht beachtet, nach vorne stürmt, einschießt. Und sich feiern lässt."

4. November 2017, 14. Runde Meisterschaft,
Sturm Graz – SK RAPID 0:0

Hicke, bleib bei uns!

Wos hotten der Hickersberger mit der Partie zum tuan? Eigentlich nix, aber ein bissl scho.

Während in Hütteldorf ob der letzten Erfolge alles eitel Wonne war, sorgte der ÖFB bei Sturm Graz für ordentlich Aufregung. Auf der Suche nach einem neuen Teamchef wurde man ausgerechnet beim Tabellenführer in Graz fündig. Die Schwoazn ereilte somit ein ähnliches Schicksal wie uns anno 2005. Pepi Hickersberger hatte bei uns ein tolles Comeback als Trainer erlebt. Mit ihm wurden wir 2005 Meister und spielten ein paar Monate später in der Champions League. Im Herbst desselben Jahres, das Auswärtsspiel bei Juventus stand gerade an, erlag er leider den Verlockungen des Fußballverbandes in Form eines hochdotierten Vertrags und der Aussicht, als Trainer das Team bei der Heim-EM 2008 betreuen zu dürfen. Er verließ Hütteldorf in der Winterpause.

Hicke scheiss aufs Team – bleib bei Rapid Wien plakatierten wir damals im Oktober auswärts in Pasching – allein es half nichts. Der Rest der Geschichte ist bekannt. Unter Nachfolger Zellhofer landeten wir am Ende der Saison 2005/06 im Niemandsland der Tabelle (trotz Mit Zellhofer und neuer Motivation zurück zur Titelambition!). Das Team schied bei der EM schon in der Vorrunde aus, und das, obwohl er zwar „nicht die besten, aber die richtigen Spieler" für den EM-Kader nominiert hatte, wie er vor dem Turnier launig zu Protokoll gab.

Es gibt viele Spieler, die für beide großen Wiener Klubs aufgelaufen sind. Aber für beide gespielt und dann auch noch beide trainiert zu haben, ist wohl einmalig. Der gebürtige Amstettner kam erst mit 32 Jahren zu Rapid. Davor spielte er lange Jahre bei der Austria sowie in Deutschland (Düsseldorf und Offenbach) und Innsbruck. Für den SCR bestritt er in zwei Jahren 48 Meisterschaftsspiele. In seinem letzten Spiel wurde er Meister und erlitt gleichzeitig einen Muskeleinriss.

Auch seine Trainerkarriere hatte es in sich. Ohne je vorher eine Bundesligamannschaft trainiert zu haben, wurde er Weihnachten 1987 als Teamchef präsentiert. Trotz aller Kritik gelang ihm die Qualifikation für die WM 1990 in Italien. Dort schied man allerdings schon in der Vorrunde aus und nach dem historischen 0:1 gegen die Faröer in der folgenden EM-Qualifikation trat der nunmehrige „Faröer-Pepi" zurück. Es folgten noch ein paar Stationen in Europa (Fortuna Düsseldorf und die Austria), bevor es ihn in den arabischen Raum verschlug.

Rapid ging also ein ziemliches Risiko ein, als man ihn aus der Wüste zurückholte. Wobei: Schlimmer als unter seinem Vorgänger Matthäus konnte es eigentlich kaum werden. Trotzdem erinnere ich mich noch an das Vorbereitungsturnier in der Schweiz, zu dem wir im Juni 2002 angereist waren. Gegen den FC Basel und gegen die Young Boys Bern gab es zwei deutliche Niederlagen. Dem ein oder anderen schwante schon Böses, aber die Mannschaft fing sich in der Folge. Zum Meisterschaftsauftakt gewannen wir in Graz gegen Sturm mit 4:0 und am Ende wurden wir mit einer jungen Mannschaft guter Vierter. Auch im nächsten Jahr wurden wir Vierter und qualifizierten uns für den Europacup. Die Formkurve stimmte und in der Saison 2004/05 wurden wir endlich wieder Meister. Für viele meiner Generation war das der erste Titel, den man selbst miterlebte. Hickersberger war trotz seiner violetten Vergangenheit ein leiwander Kerl und ein wichtiger Baustein, als sich Rapid vor fünfzehn Jahren – wenn man so will – neu erfinden musste. Gemeint sind vereinsinterne Entwicklungen, die mit einer Fokussierung auf Tradition und Symbolik zu einer geschichtsbewussten Erneuerung der Vereinsidentität führten. Weitere Initiatoren und Träger dieser ideellen Erneuerung waren natürlich Präsident Rudolf Edlinger und sein offener Führungsstil, Andy Marek und sein Klubservice, die gesenkten Abopreise, die für ein volleres und sehr oft ausverkauftes Hanappi-Stadion sorgten. (Zum Andy sei noch gesagt: Obwohl er nie Präsident und zum Glück nie Spieler bei Rapid war, und gerade weil er nicht auf die Funktion des Stadionsprechers reduziert werden darf – er ist der beste Mann beim SK Rapid.)

Nutznießer waren natürlich auch wir Ultras. Wir konnten zu jedem Match immer bessere Choreos basteln und die Stimmung von Spiel zu Spiel steigern. Wodurch auch wir zu einem wichtigen Bestandteil in diesem Gesamtkunstwerk wurden. Ein Rädchen griff ins andere. So manches Skandalspiel wie in Eisenstadt, Kapfenberg, Thessaloniki, das Didulica-Derby oder der Platzsturm 2011 konnten daran genauso wenig ändern wie der letzte Tabellenplatz im Herbst 2006.

Zum Abschied im Dezember 2005 überreichten wir Hickersberger eine Ehrentafel:

Einen schlafenden Riesen geweckt, niemals aufgesteckt
Deine Liebe zu Rapids Tradition schaffte ungeahnte Emotion
Für immer in unserer Gunst …
Hickersberger einer von uns!

Nach seiner Trainerzeit ging er mit uns immer wieder hart ins Gericht (z. B. „Judasschitz" in Hütteldorf, 2006). Als er im Frühjahr 2018 in den Rapid-Beirat berufen wurde kritisierte er den jahrelangen Kuschelkurs des Vereins mit den Fans (Ultras). Man muss ihm dabei sicherlich zu Gute halten, dass er im Gegensatz zu vielen anderen Angestellten bei Rapid, die ähnlich dachten, einfach seine Meinung sagte und sich aufgrund seiner ehrenamtlichen Tätigkeit keine Sorgen um seinen Job machen musste.

…

Seit ich denken kann, war Sturm vs. Rapid immer etwas Besonderes, zumindest aus Fansicht. Nachdem uns Austria Salzburg und Wacker Innsbruck verlassen haben, bleibt es das einzige Duell von zwei Fanszenen, die halbwegs was weiterbringen. Der Rapidsektor war seit Tagen ausverkauft, der Rest des Stadions war ebenfalls voll. Das ist erwähnenswert, weil in Österreich kaum ein Bundesligaspiel ausverkauft ist, und wenn, dann nur mit Rapid-Beteiligung. Spiele gegen Sturm sind also definitiv leiwand. Das sehen auch die Grazer so, weshalb die Rapidfans sogar die Nummer 24 von *111 Gründen* sind, *warum man den SK Sturm Graz lieben sollte.*

Anpfiff, Samstagnachmittag, 16.00 Uhr. Die Grazer waren das letzte Team, das den SCR Mitte August biegen konnte. Die Bestellung des neuen ÖFB-Teamchefs war wider Erwarten kein Thema auf den Tribünen. Dafür griffen die Grazer tief in die Choreokiste und machten seit Langem mal wieder eine Zettelchoreo im ganzen Stadion. Dazu gab es noch einen Vorhang in ihrer Kurve und im Laufe des Spiels wurde wohl der ganze gehortete Pyrovorrat verbraucht. Vom Spiel selber hab ich nicht viel mitbekommen. Nach dem Spiel waren sich aber alle einig, dass der Punktgewinn Rapids ein glücklicher war. Will heißen, vorne wieder mittelprächtig, aber die Null hinten stand weiterhin.

18. November 2017, 15. Runde Meisterschaft, LASK – SK RAPID 1:2

Gabbo vive!

Wieder so ein Kuriosum in der österreichischen Fußballgegenwart. Die Linzer Athletiker haben eine durchaus ruhmreiche Vergangenheit hinter sich. 1965 wurde man als erster Verein außerhalb der Bundeshauptstadt österreichischer Meister und gewann obendrein noch den Cup. Das vergangene Jahrzehnt verlief indes sehr turbulent. Zwangsabstieg, drohender Konkurs, die ganze Palette. Dieses Jahr spielte man wieder Bundesliga, allerdings nicht auf der Linzer Gugl, sondern im Paschinger Waldstadion, das zur Zeit TGW Arena heißt. Dieses Stadion ist uns Rapidlern noch in unguter Erinnerung, seit wir zwischen 2002 und 2007 dort sieben von zehn Duellen gegen die Paschinger verloren haben. Doch zumindest der Sektor der Auswärtsfans wurde geändert, früher war der wirklich eng und unter aller Sau. Es gibt natürlich auch eine Geschichte über unsere Auftritte in Pasching in jenen Jahren zu erzählen.

…

Wir gehen zurück in die Saison 2006/07 – Rapid erlebte zur Abwechslung mal eine Saison ohne Europacup. Steffen Hofmann kehrte nach seinem gescheiterten Gastspiel bei 1860 München zurück, verletzte sich aber gleich bei seinem ersten Spiel in Ried. Trainer Zellhofer gelang es auch in der neuen Saison nicht, die Mannschaft auf Kurs zu bringen. Ende August wurde er schließlich entlassen. Ausschlaggebend war ein 0:1 gegen „seine" Paschinger, doch auch aus einem anderen Grund berichtete die Krone über dieses Spiel. „War es gar Sabotage? Sicher ist, dass das Spiel im Waldstadion gegen Rapid mit einer Katastrophe hätte enden können. Sogar mit Toten gestand Pasching-Geschäftsführer Winkler, als er zwei Stunden nach Abpfiff mit Polizei- und Sicherheitsbeamten auf jener Stehplatztribüne war. (…) Nachdem letzte Woche in zwei Nächten in das Stadion eingebrochen worden war, kann Sabotage nicht ausgeschlossen werden. Zumal im Gästesektor 18 Schrauben gelockert wurden. Womit die Absperrungen händisch gelöst hätten werden können. Vielleicht um das Spielfeld zu stürmen?"

Als die Krone-Redakteure aus ihren feuchten Träumen erwachten, stellte ein Sachverständiger zumindest bei der Heimtribüne einen Konstruktions- und Montagefehler fest. Zwei Bolzen hatten sich unter der Stehplatztribüne der Paschinger gelöst. Der Einbruch und die Herumschrauberei am Zaun im Gästesektor bzw. unter der Heimtribüne wurden einfach mal Rapidfans aus Linz bzw. Wien in die Schuhe geschoben, ohne dass irgendwas Belastbares dabei herausgekommen wäre.

…

Das Kuriose ist, dass der LASK heute dort spielt, weil er sich mit der Gemeinde Linz nicht über die Miete für das Linzer Stadion einigen konnte. Zudem soll die Kantine in Pasching der Frau eines LASK-Vorstandes gehören, aber das ist vielleicht nur ein böses Gerücht. Der Pachtvertrag der Linzer in Pasching endet 2022. Bis dahin will man im Süden der Stahlstadt eine neue, 16.500 Zuschauer fassende und 23 Millionen Euro teure Arena errichtet haben.

In der österreichischen Liga, und das spricht nicht unbedingt für deren Qualität, schaffte es der jeweilige Aufsteiger in den letzten Jahren regelmäßig in den Europacup. Von den St. Pöltnern letztes Jahr mal abgesehen. Die Linzer hatten bis dato auch so ihre Schwierigkeiten. Gegen uns reichte es auch nicht zu Punkten, dazu waren sie in der ersten Halbzeit zu schlecht. Rapid ging völlig verdient mit 2:0 in die Pause. In der zweiten Halbzeit war's dann genau umgekehrt. Rapid kam wieder ins Schwimmen, brachte den Sieg aber trotz Linzer Anschlusstreffer noch über die Runden. Vielleicht wäre es am besten, die Spielzeit auf einmal 45 Minuten zu begrenzen. Die Torsperre ist somit gefallen, aber es standen nunmehr zehn Meisterschaftspartien ohne Niederlage zu Buche.

Per Spruchband gedachten die UR des Lazio-Fans Gabriele Sandri, der vor zehn Jahren in Italien Opfer einer Polizeikugel wurde. Zeitgleich fand das Derby in Rom statt, bei dem ebenfalls seiner gedacht wurde.

Leider ist das Thema Polizeigewalt noch immer aktuell, wie das Beispiel von Luca Fanesi, Fan von Sambenedettese, aktuell wieder zeigte. Im Zuge von Auseinandersetzungen nach dem Auswärtsspiel in Vicenza knapp zwei Wochen zuvor (am 5. November 2017) hatte er eine Schädelfraktur erlitten und war ins Koma gefallen.

Klar, auch im Ultras-Universum passiert mitunter viel Scheiße und vieles bleibt unreflektiert, aber im Zusammenhang mit solchen Geschichten zählt nur Solidarität und Zusammenhalt.

26. November 2017, 16. Runde Meisterschaft,
SK RAPID – Red Bull 2:3

Die Büchse der Pandora

Schlagerspiel in Hütteldorf. Wie jede Saison wurden die Salzburger auch in diesem Herbst von Spiel zu Spiel zu stärker und reisten mit fünf Punkten Vorsprung nach Hütteldorf. Es war also wieder einmal eines dieser Schnittspiele, von denen wir in der Vergangenheit gegen Red Bull kaum eines gewinnen konnten. Auch wenn der letzte Sieg des Guten über das Böse schon über zwei Jahre zurücklag, hoffte insgeheim wohl jeder der 25.000 ob der stattlichen Serie von zwölf ungeschlagenen Spielen auf drei Punkte gegen die Dosenkicker.

Rapid sollte endlich „Dosenöffner spielen", wie die Krone titelte. Nun ja, das gelang leider auch dieses Mal nicht, obwohl die ersten 45 Minuten richtig gut waren. In der Nachspielzeit glichen die Salzburger aus und erhöhten in den ersten Minuten der zweiten Halbzeit auf 1:3. Der Anschlusstreffer von Rapid zu Beginn der Rapid-Viertelstunde war zu wenig, mehr ging nicht mehr. Die Büchse der Pandora blieb verschlossen. Der SCR blieb Dritter, der Rückstand auf Red Bull betrug nun aber schon acht Punkte.

Heribert Weber

Warum Heribert Weber? Nun, der Steirer wurde mit Rapid immerhin vier Mal Meister und vier Mal Pokalsieger. Seine Spielerkarriere beendete er sehr erfolgreich bei der ehemaligen Salzburger Austria 1994. Dort feierte er 1997 auch seinen größten Erfolg als Trainer. 1996/97 wurde er mit den Violetten Meister – ausgerechnet vor Rapid. Es war der dritte Titel für die Salzburger, der letzte vor der Ära Red Bull. Ein Jahr später holte ihn Ernst Dokupil als neuen Coach nach Hütteldorf. Leider erlebte damals Sturm Graz unter Hannes Kartnig gerade seine beste Zeit und Rapid musste sich zweimal mit der Vizemeisterschaft zufriedengeben. Der „Heri" ist Ehrenkapitän bei Rapid. Diesen bis dato einmaligen Titel bekam er im Frühjahr 1982 von der Rapid-Legende Bimbo Binder verliehen, nachdem er als Kapitän vom Spanienrückkehrer Krankl abgelöst worden war. „Ich hab' erst viel später begriffen, welche Auszeichnung das in Wahrheit bedeutet", wird Weber in *RAPID – 100 Stars in Grün-Weiß* zitiert. Weiter heißt es dort: „Warum er zum Ehrenkapitän ernannt wurde, ob als Wiedergutmachung für die ‚Abwahl' als Kapitän oder als Zuckerl, damit er Rapid nicht verließ, weiß Weber eigentlich bis heute nicht genau: ‚Aber das war und ist mir auch egal. Ich hab' nie danach gefragt!' "

…

Steffen Hofmann ist seit dieser Saison der zweite Ehrenkapitän bei Rapid. Auch hier dürfte die Ernennung wohl ein Zuckerl gewesen sein, um ihm die Übergabe der Binde an Schwab zu erleichtern.

29. November 2017, 17. Runde Meisterschaft, SK RAPID – Altach 1:2

Ein Tag ohne Fußball ist ein verlorener Tag, aber manchmal wär's wohl besser ohne

Abendspiel in Hütteldorf. Fluchtlicht haben wir zwar keines mehr, im Europacup spielten wir auch nicht, kalt war's und mit nur 13.000 Zuschauern wurde ein Negativrekord im neuen Stadion aufgestellt. Trotzdem war es ein interessanter und leider richtungsweisender Abend. Vor dem Spiel gedachten die UR Ernst Happels, der an jenem Tag seinen 92. Geburtstag hatte.

Rapid spielte zwar mit zwei nominellen Stürmern, aber ein richtiger Goalgetter fehlte nach wie vor. Nach dem verdienten 1:0 teilte der Schiedsrichter in der letzten Viertelstunde ordentlich aus. Die Altacher bekamen zwei Elfmeter und verwandelten beide, Rapid erhielt im Gegenzug zwei rote Karten und im Endeffekt null Punkte.

Vor dem vergangenen Sonntag hofften viele, bis auf zwei Punkte an den Serienmeister heranzukommen, drei Tage später war der Rückstand auf elf Punkte angewachsen. So schnell kann's gehn.

„I brauch kane Spüler, de wos an Beistrich in da Unterhosn ham", sagte Ernst Happel zu Lebzeiten. Wie sehr Rapid-Niederlagen aufs Gemüt schlagen können, konnte man in den folgenden Tagen in der Zeitung lesen. Der Schiri der Altach-Partie, Manuel Schüttengruber, und der vierte Offizielle des Spiels gegen Red Bull, Dieter Muckenhammer, auf dessen Intervention hin ein irregulärer Treffer Rapids beim Spiel vor drei Tagen aberkannt wurde, erhielten anonyme Morddrohungen via Mail.

Peter Pacult

Die Altacher waren auch Gegner bei der letzten Tellerübergabe an Rapid vor unglaublichen mehr als zehn Jahren. Trainer damals war Peter Pacult, über den man sich in der Fanszene auch nicht eins ist. Pacult spielte zwar nur zwei Jahre in Grün-Weiß, schaffte in 58 Meisterschaftsspielen aber immerhin 26 Tore. Das wichtigste war wohl das 1:0 in Manchester gegen Celtic Glasgow.

Ein kurzer Rückblick auf den Herbst 1984. Rapid trat im Achtelfinale des Cupsieger-Bewerbs an. Das Hinspiel gegen die Grün-Weißen aus Glasgow gewannen die Hütteldorfer mit 3:1. Das Rück-

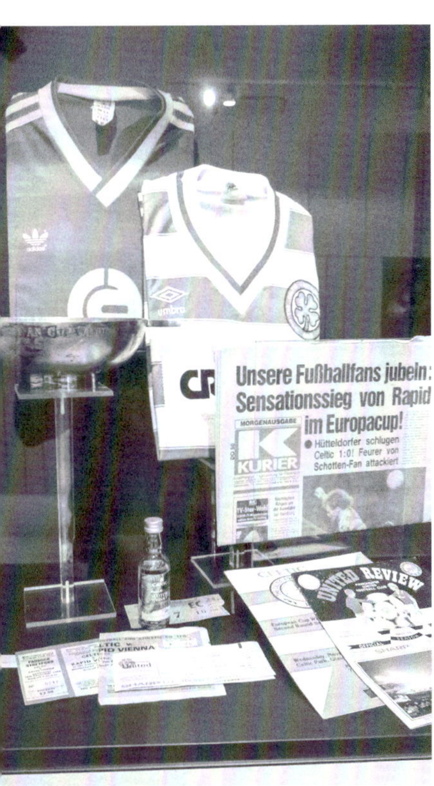

Bei der Flasche in dieser dem 1:0-Sieg über Celtic gewidmeten Vitrine im Rapideum handelt es sich *nicht* um das Original-Wurfgeschoss aus Glasgow.

spiel, Rapid spielte in hellblauen Dressen, verlief sehr turbulent. „Brauneder wurde mehrmals schwer gefoult, einmal wurde er auf der Outline behandelt, als schon die ersten Wurfgeschosse auf das Spielfeld flogen und ein Knallkörper unter dem Mantel von Vereinsarzt Dr. Adam explodierte. In der 32. Minute gelang dann Provan der Führungstreffer zum 1:0 für Celtic. Jetzt war die totale Hölle ausgebrochen. Die Celtic Fans, so viele betrunkene Jugendliche hatte ich bisher auf einem Haufen noch nicht gesehen, trieben ihre Mannschaft immer vehementer nach vorne", erinnert sich Augenzeuge Franz Binder jun. in *Die unendliche grün-weiße Geschichte*.

Der schwedische Schiedsrichter Johanson hatte gar nichts unter Kontrolle. Die Schotten führten in der zweiten Halbzeit schon 3:0. Immer wieder flogen Wurfgeschosse aufs Spielfeld. Darunter waren auch Whiskyflaschen. Eine davon soll Rudi Weinhofer am Kopf getroffen haben, der daraufhin zu Boden ging. Böse Zungen, vor allem schottische, behaupteten, Rudi Weinhofer sei gar nicht getroffen und die blutige Wunde sei ihm erst in der Kabine zugefügt worden. Wie auch immer: Das Match wurde nach einer Unterbrechung zu Ende gespielt, Rapid legte jedoch Protest gegen die Wertung des Spiels ein.

Die UEFA entschied in weiterer Folge auf ein Entscheidungsspiel, das einen Monat später im Old Trafford von Manchester United stattfand. Rapid lief dieses Mal komplett in Rot auf. Über 35.000 Schotten waren nach Manchester gekommen, um ihr Team zum Sieg zu brüllen. Rund 100 wackere Wiener wagten sich auch nach England. Thomas Fackler, einer jener Wackeren, erzählte im Fan Spezial I der Hütteldorfer Revue: „Wir wollten damals zu Fuß gehen, wurden aber von den anwesenden Journalisten zu unserer eigenen Sicherheit eingeladen, in ihrem Bus mitzufahren. Vorne ist der Spielerbus gefahren und wir hinten nach. Links und rechts stand die Polizei in Dreierreihen Spalier, Wasserwerfer und Berittene überall. Trotzdem haben wir unter Dauerbeschuss mit allen möglichen Utensilien zwei Stunden bis zum Old Trafford gebraucht. Die Scheiben wurden aufgrund der Schweißausbrüche drinnen immer beschlagener, ideal für uns, um Botschaften wie „Fuck you" oder ähnliches zu hinterlassen. Wir hatten unseren Spaß, die Reporter sind teilweise am Boden gelegen und haben uns angefleht, die Schotten nicht noch mehr zu provozieren."

Peter Pacult brachte Rapid schon in der 16. Minute mit 1:0 in Führung, als er alleine auf Torhüter Pat Bonner zustürmte und nach einem linken Haken ungehindert einschoss. Wie Torhüter Feurer bereits während des Spiels, wurde auch Pacult nach Spielende von aufgebrachten Zuschauern attackiert, da er es nicht schnell genug in die Kabine schaffte. Rapid war auf dem Weg ins Finale eine Runde weiter.

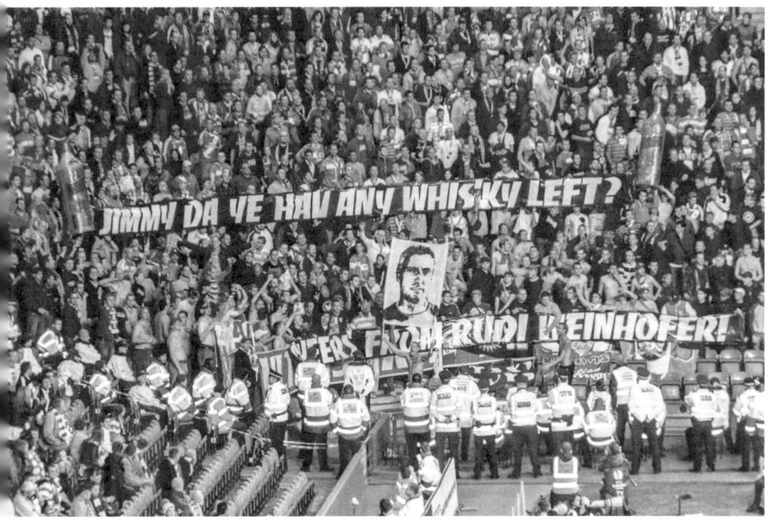

Rudolf Weinhofer, Rapid-Spieler von 1980 bis 1988, knapp 200 Pflichtspiele für Rapid, das Spiel in Glasgow war sein wichtigstes.

Etliche Jahre später, wir sprechen von der Europacupsaison 2009/10, trafen wir in der Europa-League-Gruppenphase erneut auf Celtic. Dieses Mal suchten über zweitausend Rapidler Schottland heim. Tagsüber blieb alles ruhig in der Innenstadt, obwohl die heimische Presse die Tage vorher kräftig zündelte und die Ereignisse von 1984 wiederaufbereitete. Auch wir ließen es uns nicht nehmen, den Flaschenwurf auf Rudi Weinhofer zu thematisieren, griffen tief in die Trickkiste und schmuggelten unter den Zetteln für die Choreographie auch zwei große aufblasbare Plastikflaschen sowie ein Spruchband in den Celtic Park. JIMMY DA YE HAV ANY WHISKY LEFT? CHEERS FROM RUDI WEINHOFER! – HEY BURSCHEN HABT IHR NOCH EIN PAAR WHISKYFLASCHEN? GRÜSSE VON RUDI WEINHOFER! stand darauf zu lesen. Dazu wurden die großen Whiskyflaschen aufgeblasen und den verdutzten Schotten etliche Minuten unter die Nase gehalten. Herrlich! Am Ende hieß es 1:1.

2. Dezember 2017, 18. Runde Meisterschaft, Wolfsberger AC – SK RAPID 0:0

Ein Königreich für einen Stürmer, der ein Tor schießt

Die Besatzung des UR-Busses reiste guter Hoffnung nach Wolfsberg. Nicht ohne Grund, schließlich hatten wir von den elf bisherigen Bewerbsspielen gegen die Kärntner immerhin eines gewonnen. 5:0 schossen wir sie im Mai 2015 aus dem eigenen Stadion. Ein wichtiger Sieg damals, schließlich ging es um genau gar nichts mehr.

Wie um Himmels Willen also sollte Rapid den jüngsten Negativlauf gerade dort stoppen können?

Eigentlich liebe ich solche Spiele ja fast mehr als ein Cupfinale im Hochsommer. Es ist kalt, feuchtlert, finster, ringsum liegt Schnee und der Sportplatz ist halbert leer. Alles soweit in Ordnung, nur der Stadionsprecher in Kärnten ist ein Wahnsinn. Er erfüllt alle negativen Vorurteile, die man gegenüber Kärntnern nur haben kann.

Negativ war dann auch, was man am Feld zu sehen bekam, obwohl das jedem wohl schon vor Beginn der Partie klar gewesen sein muss. Die einzige Torchance wurde kläglich vergeben. 0:0 am Ende, keine drei Punkte, stattdessen gefrorene Zehen. Alles lei super!

Zur Saison-Halbzeit lag Rapid also einigermaßen abgesichert auf dem 3. Platz. Das war weit weg von jeder Meisterschaftsambition, aber zumindest lag man im Plansoll. Der große Abstand zu Salzburg schmerzte, noch mehr aber taten die elf Punkte Rückstand auf Sturm weh.

Positiv waren die zwei gewonnen Derbys im Prater und die Serie an ungeschlagenen Spielen. Die letzten Spiele im Dezember und die ersten Spiele im Frühjahr sollten nun zeigen, wohin die Reise gehen würde. Das Problem dabei war, dass wir normalerweise immer sehr schwerfällig in die Frühjahrsrunde gestartet sind.

9. Dezember 2017, 19. Runde Meisterschaft,
SK RAPID – SV Mattersburg 2:2

Fünfundsechzigtausend Euro

Um es gleich vorwegzunehmen: Das Beste in diesem Spiel passierte während der Pause. Seit vielen Jahren schon sammeln die Fanklubs des Block West vor Weihnachten Geld für karitative Zwecke und stellen dabei Jahr um Jahr einen neuen Rekord auf. Über mehr als 65.000 Euro durfte sich dieses Jahr wieder das Kinderhospiznetz freuen.

Die vorweihnachtliche Spendenaktion des Block West geht ins Jahr 2009 zurück. Damals durfte sich die Wiener Gruft, für die wir schon vorher ab und zu sammelten, über 3.800 Euro und einen Riesenhaufen Sachspenden freuen. Es ist wie immer bei solchen Spendenaktionen: Es soll nicht zu einer Rekordjagd verkommen, aber wenn es jedes Jahr mehr wird, dann ist das auch gut so.

In den 45 Minuten vorher war es wie erwartet ziemlich kalt und zach. Rapid hatte Chance um Chance, schoss aber kein Tor. Nach der Übergabe des Spendenschecks verschlief Rapid den Start in die zweite Halbzeit. Die Mattersburger gingen zuerst 1:0 und wenig später sogar mit 2:0 in Führung, ohne zu wissen, was ihnen da gerade passiert war. Trotzdem kam Rapid in der 71. Minute noch zum 1:2 Anschlusstreffer. Bei noch verbleibenden zwanzig Minuten hätten sicherlich viele Rapid-Mannschaften das Spiel gegen die biederen Holzhacker aus dem Burgenland noch gedreht. Dieser Mannschaft gelang das leider nicht. Mehr als das 2:2 kurz vor Schluss war nicht mehr drin. Zwei unnötig verlorene Punkte, trotz 33 Torschüssen.

16. Dezember 2017, 20. Runde Meisterschaft, SKN St. Pölten – SK RAPID 0:5

Auf geht's, Rapid, kämpfen und siegen!

Zum Abschluss des Kalenderjahres ging es nach St. Pölten zum abgeschlagenen Schlusslicht. Immer wenn es im Rapid-Block keine Choreographie, keine Fahnen- oder Doppelhalterparade gibt, dann weiß man, irgendwas ist in den Wochen davor schiefgelaufen. Es ist schon fast Tradition, dass der Block dann mit „Auf geht's, Rapid, kämpfen und siegen!" in das Spiel startet. Oft wurde das so probiert, meistens gab es am Ende dann wirklich drei Punkte.

St. Pölten also – da durfte nichts schief gehen – und es ging auch nichts schief. Die Niederösterreicher konzentrierten sich wohl schon auf die Relegation ein halbes Jahr später. Rapid konnte die Überlegenheit endlich auch in viele Tore ummünzen und gewann standesgemäß 5:0.

So konnte es auch im Frühjahr weitergehen.

Geschichte einer Fanszene: Von den Fahnenschwenkern zu den Hooligans

Winterpause und damit langsam Zeit, den Fokus auf die Hütteldorfer Fanszene zu richten. Mit der Übersiedlung von der Pfarrwiese ins neu erbaute Weststadion 1977 nahm deren Entwicklung richtig Fahrt auf.

Dutzende Fanklubs, Gruppen und Kleingruppen prägten damals das Bild der entstehenden Szene, viele hatten nur kurze Zeit Bestand.

Anhand einiger markanter Ereignisse will ich versuchen, das Feeling im Westen Wiens in jenen wilden Jahren zu beschreiben. Mit den heutigen Zuständen ist es nur schwer zu vergleichen, wobei es trotz allem auch Parallelen gibt.

Am Anfang, wir sprechen von Mitte der 1970er Jahre, stand die Penzinger Rockerpartie Las Santas Vienna (1977 – 1979), die sich im Lokal *Tiroler Mandl* traf, das sich in der Reinlgasse bei der heutigen U3-Station Hütteldorfer Straße befand, mittlerweile aber nicht mehr existiert. Diese Rockerpartie hatte zwar keinen unmittelbaren Rapidbezug, fuhr aber schon auf die Pfarrwiese und war vor allem bei den Derbys im Prater stark vertreten. Sie bildete den Gegenpart zur Rockerpartie, die damals schon bei der Austria präsent war und seit 1975 unter dem Namen Sternenleiberln auftrat. (Ihr Markenzeichen waren T-Shirts mit Stars und Stripes.) Ab 1977 etablierten sich bei der Austria dann die Zuckerbäcker aus dem niederösterreichischen Berndorf. Die Zuckerbäcker waren der grünen Seite anfangs überlegen. Erst am Rande des Stadthallenturniers 1982 wurden die Austrianer von der jungen, neu entstandenen grünen Generation aus dem Märzpark gedroschen, womit ihre Vormachtstellung ein Ende hatte. In einem Artikel von 1979 aus dem nicht mehr existierenden Rennbahn Express heißt es: „Die Zuckerbäcker – mit violetten Hüten und Schals als Austria-Fans unverkennbar – sind so was wie die Schutzgarde für die sonst den Rapidlern eher unterlegenen Austria-Fans. Die Zuckerbäcker greifen ein, wenn bei den Austria-Jungfans der Hut brennt. Etwa ein Dutzend sehr wohlleibiger Niederösterreicher, die teilweise im Triumph-Club organisiert sind, schwere Maschinen fahren und vor denen den jungen Rapidlern die Düse geht. Die Zuckerbäcker sind legendär auf dem Fußballplatz – seit sie im Vorjahr mit den Las Santas aufgeräumt haben, gab's zwischen Austria- und Rapidfans keine Massenschlägereien mehr. Friede durch Angst, ‚oba wenn ma die Austrianer ohne Zuckerbäcker erwischen, dann tuscht's.'" Letzteres war ein Zitat des damals siebzehnjährigen Roland Holzinger.

Genug aber von der Austria, befassen wir uns lieber mit der Szene im Westen Wiens.

Domenico Jacono, der ehemalige Hütteldorfer Chefhistoriker, hat die Entstehung der Hütteldorfer Fankultur sehr anschaulich beschrieben (Forza Rapid – Die Hütteldorfer Revue, #12, Fan Spezial I, 2017). So ging in den 1960er Jahren auch durch die Wiener Jugend ein Ruck. Neue Subkulturen entstanden, wie Rocker, Punks oder Mods, und damit ein neues kulturelles Selbstbewusstsein der jungen Generation. Auch auf dem Fußballplatz tat sich plötzlich was. Vor allem deutsche und englische Fangruppen dienten hier als Vorbild. Ab der zweiten Hälfte der 1960er Jahre tauchten in der Westkurve der Pfarrwiese große, selbstgenähte Fahnen und selbstgestrickte Schals auf. Die „Fahnenschwenker" stammten aus allen Teilen Wiens, den Westwiener Rapidanhänger alter Prägung kannten sie meist nur noch vom Hörensagen. Erstmals waren Fangesänge auf Basis von Popmelodien und akustische Verstärker wie Fahrradhupen zu hören. Neu war auch, dass die Gruppe auch außerhalb des Rapidplatzes Präsenz zeigte, nach den Spielen geschlossen in die Innenstadt fuhr und über die Kärntner Straße zog. Ab 1973 begleiteten kleine Gruppen Rapid auch zu Auswärtsspielen. Dabei kam es immer wieder zu Wickeln mit den jeweiligen zahlenmäßig natürlich überlegenen Provinz-Mobs, denn der Hass auf die großkopferten Wiener war allgegenwärtig. So etwas wie Gästesektoren gab es noch nicht und Polizei und Ordnungskräfte hielten sich oft auffällig zurück, wenn es gegen die verhassten Wiener ging. Die Schuld für die Auseinandersetzungen fanden Medien, Funktionäre und auch die älteren Rapidanhänger danach aber immer bei den jungen Rapidfans, gerne als „Rapidrocker" bezeichnet.

Mit der Übersiedlung ins neue Weststadion nahmen die „Fahnenschwenker" ihren Platz im Mittelblock des neuen Westsektors ein – gleich hinter dem Tor und unter der Anzeigetafel. „Ihre Platzwahl mag von den grünfarbigen Sitzen beeinflusst gewesen sein oder davon, dass ihre Wurzeln, wie gezeigt, ebenfalls auf einer West, nämlich der des alten Rapidplatzes, gelegen hatten", mutmaßt Domenico Jacono. „Auch wurde der Standort West durch bauliche Sektorentrennung und entsprechende Kartenpreismodelle indirekt mitbestimmt. Während viele ältere Semester der alten Heimstätte noch lange nachtrauerten, fühlten sich die Jugendlichen im neuen Stadion sofort heimisch. Sie verstanden den Westsektor von Beginn an als ihr Revier und entwickelten eine kollektive, an diesen Ort gebundene Identität, die bis heute in der später selbstgewählten Bezeichnung Block West, was sowohl die Tribüne selbst als auch die darauf beheimateten Fans meint, ihren Ausdruck findet. (…) Im Gegensatz zum Rest des Stadions war der Westsektor meist gut besucht; der Fanblock wuchs, damit vergrößerte sich auch sein konfrontatives Potential, wie wir noch sehen werden.“

Für Aufsehen sorgten Rapidfans zum Beispiel im September 1977, als sie nach dem ersten EC Heimspiel im Weststadion gegen Inter Bratislava (1:0 für Rapid) für einen der größten Unfälle im öffentlichen Verkehr mit 44 Verletzten sorgten. Nach Spielende wurden in einer überfüllten Stadtbahn zuerst die Glühbirnen zerstört und in weiterer Folge die Notbremse gezogen. Die Folge war ein schwerer Auffahrunfall zwischen den Stationen Meidling und Margaretengürtel. Zwar kam es in den 1970er Jahren zu einer ganzen Serie von Stadtbahnunfällen, allerdings sorgte ein Unfall, verursacht von Rapid-Vandalen, schon damals für mehr Schlagzeilen als eine durch menschliches Versagen oder einen technischen Mangel ausgelöste Havarie.

Der Kurier schrieb zwei Tage später über Blut und Scherben nach dem Rapid-Sieg. Nach der ausführlichen Schilderung der Herbeiführung des Unfalls, wird ein Augenzeuge zitiert: „Es waren Burschen und Mädel im Alter von 13 bis 17 Jahren vielleicht, schon von Hütteldorf weg haben sie sich a Hetz gemacht und Spompernadeln getrieben. Zum Beispiel haben sie sich im überfüllten Wagen Zigaretten angezündet und den Leuten den Rauch ins Gesicht geblasen. Ab Meidling aber sind sie dann plötzlich über die Glühbirnen hergefallen. Auch im letzten Waggon schraubten die jungen Leute die Birnen aus der Fassung. Außerdem schleuderten sie kleine Knallkörper in die Menschenmenge. In Meidling muss es dann auch gewesen sein, dass einer die Notbremse gezogen hat.“ Schlussendlich wurden wenige Tage später sieben Burschen im Alter zwischen 16 und 19 Jahren wegen schwerer Sachbeschädigung und Gefährdung des öffentlichen Verkehrs festgenommen und angezeigt.

Die Stadtbahn wurde 1981 durch die U4 ersetzt, weshalb an ihrer Sicherheit in den letzten Jahren vor der Stilllegung gespart worden war. Die Fahrer fuhren teilweise auf Sicht, um Fahrintervalle einzuhalten und die Bremsen waren hoffnungslos überaltert. So wurden die Jugendlichen am Ende auch lediglich für die Vandalenakte zur Verantwortung gezogen. Härter erwischte es den Zugführer des zweiten Stadtbahnzuges. Laut einem Sachverständigen war dieser nämlich mit 35 km/h auf die Unglücksstelle zugefahren, obwohl er nur mit 20 km/h hätte unterwegs sein dürfen. Er wurde zu einer bedingten Strafe von sechs Monaten verurteilt.

Im August 1979 gründeten sich die Grünen Teufel, aus denen Jahre später, im Jahr 1991, der Stammtisch Grün-Weiß hervorging. Die Teufel brachten als erste Fanklubartikel heraus und veranstalteten das erste Fanklubturnier im Dezember 1980, an dem auch Teams aus Deutschland teilnahmen. In ihrer Klubzeitung stand Folgendes zur Entstehungsgeschichte: „Schon seit geraumer Zeit war es der Wunsch vieler junger Rapidfans, einen eigenen Fanklub zu besitzen, in dem sie alle ihre Ideen verwirklichen können. Bisher musste man sich entweder total einer Organisation von Erwachsenen (Klub der Freude des SK Rapid) unterordnen oder man musste schon tief in die Tasche greifen, um direkt beim SK Rapid als Mitglied dabei zu sein. (…) Aber am 18. August 1979 war es dann soweit: Im *Gasthaus Pavlik* (Linzerstr. 363, heute *Das Hütteldorfer*) wurde die erste Mitgliederversammlung des SCR Fanklubs Grüne Teufel abgehalten. Wir wählten den Vorstand, bestimmten die Höhe der Mitgliedsbeiträge und meldeten den Klub behördlich an."

Wie es weiterging, erzählte Christian „Slamson" Slawik vor ein paar Jahren in Forza Rapid: „Schon nach kurzer Zeit waren wir mehr als 100 Leute und egal, wohin wir gekommen sind: Wir haben uns aufgeführt und für Aufsehen gesorgt. Wir waren wohl die ersten Fan-Rowdies und wurden in den Zeitungen so etwas wie ein Synonym für Randale bei Rapid … Wir sind immer herausgestochen, was aber auch nicht schwer war, die Polizei war mit uns damals schlichtweg überfordert. Wir hatten Narrenfreiheit, aber trotzdem hat es Anzeigen gehagelt und es gab auch mehrere Gerichtsverfahren."

Im Frühjahr 1982 kam der Fanklub Number One, der von einem guten Dutzend junger Burschen aus dem 5. und 22. Bezirk gegründet wurde. Von der Number One spaltete sich im Herbst desselben

Jahres die Hütteldorfer Terrorszene ab, die wenige Jahre später aber von der Staatsgewalt mehr oder weniger aufgelöst wurde, wie wir noch sehen werden.

1983 entstanden die Grünen Tiger in der Großfeldsiedlung (Floridsdorf), aus denen gingen in weiterer Folge die Streetfighter hervor.

Diese und andere Gruppen waren beispielgebend für das Geschehen in den damaligen wilden Jahren nach der Übersiedlung von der alten Pfarrwiese ins Weststadion (1977 bzw. 1978), das 1981 in Hanappi-Stadion unbenannt wurde.

Eine ORF-Reportage über Rapidfans von 1979, die man heute auf YouTube anschauen kann, vermittelt einen Eindruck von den damaligen Verhältnissen. Die Schilderungen des jungen Roland „Holzi" Holzinger, der den englischen Supportstil nach Hütteldorf brachte und in vielerlei Hinsicht Pionier in der Fußballszene war, oder von Rudolf „Koby" Koblowsky, Jahrgang 1957, damals noch bei den Teufeln und später UR-Gründungsmitglied, sowie von vielen anderen, die in den darauffolgenden Jahren die Hütteldorfer Szene geprägt haben, versetzen uns in eine ganz andere Welt.

Neben dem besagten Stadtbahnunfall geht es in der ORF-Doku auch um die Ereignisse rund um das Cupmatch von Rapid in Hannersdorf, welches am 1. November 1979 stattfand, kurz vor der Ausstrahlung der Sendung im Rahmen von „Sport am Montag" am 26. November. Folgend der Erlebnisbericht von Roland Kresa, später UR-Gründungsmitglied, der vor ein paar Jahren auf www.forzarapid.at erschien: „In der zweiten Runde des ÖFB-Cups 1979/80 zog der SV Hannersdorf das Traumlos eines jeden kleinen Vereins – Rapid! Also nützte der burgenländische Verein, der in der Vorsaison Zweiter der 1. Liga Süd geworden war, das glückliche Händchen zu einem Volksfest und der Ansetzung zur Einweihung des neuen Klubhauses, die man an diesem Festtag begehen wollte. Ich betone – wollte …

Wir, damals noch blutjunge Rapidfans im Alter von 15 bis 16 Jahren, organisierten uns einen Bus für damals beachtliche 50 Mann! Die auch aus heutiger Sicht Crème de la Crème der Fanszene war in diesem Bus vertreten, Leute, die der Fan-Nachwuchs teilweise nur noch aus Erzählungen kennt: ‚Die Schrammels', ‚Panzer', ‚Georgie', ‚Nasenzwerg', die späteren ‚Löwen', die ‚Grünen Teufel' und Teile der späteren ‚Terrorszene'. Mein Gott, noch einmal so ein Bus! Es waren auch Leute dabei, die heute noch immer ins Stadion gehen – Thomas K., Pedro und meine Wenigkeit.

Wir alle machten uns am Allerheiligentag auf den Weg ins südliche Burgenland, ca. fünf Kilometer von der ungarischen Grenze entfernt. Es war ein schöner Novembertag! Nach kurzer Fahrzeit erreichten wir unser Ziel. Was soll ich schon groß über das Hannersdorf Ende der Siebziger-Jahre sagen? Es war halt ein Dorf mit einem Wirten, einer Kirche und einem Greißler, was man halt in einem Kuhdorf so vorfindet. Es war nichts los dort. Bis wir ankamen!

Das ganze Dorf war auf den Beinen und unterwegs Richtung Sportplatz, um das neue Klubhaus einzuweihen und den SK Rapid Wien aus der Nähe zu erleben. Wir marschierten auch dorthin und versorgten uns schnell mit den ersten Bieren. Zur Einstimmung spielten irgendwelche Jugendmannschaften, was uns aber nicht wirklich interessierte.

Hinter dem Rasen, wo das Hauptspiel stattfinden sollte, war noch ein kleines Feld. Wir waren in Spiellaune, nur hatten wir keinen Ball. Aber die Burschen am Hauptfeld hatten einen! Und so machte sich ‚Panzer' mit seinen gut 1,95 Meter und satten 120 Kilogramm auf den Weg. Wir riefen noch: ‚Hey, Panzer, was machst du?!' ‚Na wos? I hoi an Boi!', antwortete er. Und so nahm das Unheil seinen Lauf.

‚Panzer' enterte das Spielfeld und haute den ersten Spieler gleich einmal um, und das wiederholte er solange, bis er den Ball hatte. Ich glaubte schon, er wollte ‚American Football' spielen! Das Spiel war unterbrochen und der Schiri stocksauer. Die Hannersdorfer konnten es noch weniger packen. Aber wir hatten einen Ball! Und so spielten wir unser Spiel, bis der Ball in einen Bach fiel und es vorbei war. Also gingen wir wieder zurück zum Hauptfeld und hatten binnen kürzester Zeit wieder einen neuen Ball! Diesmal stürmten ‚Panzer' und die beiden ‚Schrammels' auf das Spielfeld und spielten die Wuchtel mit gekonntem Kombinationsspiel raus zu uns!! Wieder Spielunterbrechung. Die Vereinsverantwortlichen drohten uns mit der Polizei, was uns aber sozusagen am Arsch vorbeiging. Wieder dauerte unser Getrete auf den Ball nicht lange, denn wie der vorherige landete auch dieser Ball im Bach und war weg! Wir gingen also wieder zurück zum Hauptfeld, nur war die Stimmung schon derart aufgeheizt, dass es zu den ersten Handgreiflichkeiten zwischen den Hannersdorfern und uns kam.

Jetzt ‚knallte' es vom Feinsten! Die Bauern, mit Händen wie Klodeckeln, schlugen auf uns ein, und wir Jungspunde wehrten uns mit Händen und Füßen. Vom WC holten wir uns die versteckten Ketten und Holzprügel. Im Dorf verbreitete sich die Kunde über das Geschehen wie ein Lauffeuer und immer mehr Bauern kamen mit Heugabeln, Holzlatten, ja sogar mit Schrotflinten! Irgendwie beruhigte sich die Situation dann wieder und es wurde Fußball gespielt. Das Match konnte vor ca. 4.000 Menschen (ewiger Hannersdorfer Rekord!) ungehindert über die Bühne gebracht werden, und unsere Jungs gewannen sicher mit 7:1! Die Tore schossen Keglevits (2), Krejcirik (2), Weiss, Hofmann und Weber. Rapid spielte mit: Ehn; Persidis; Krauss, Garger (66. Sallmayer); Weiss, Happich (66. Francker) R. Kienast; Keglevits, Hofmann, Krejcirik.

Nach dem Schlusspfiff stürmten wir das Spielfeld, weil wir mit unseren Jungs feiern wollten. Aber was los war, ähnelte schon einem kleinen Bürgerkrieg zwischen Wien und dem Burgenland! Die Bauern schlugen und stachen mit den Holzlatten und Heugabeln nach uns, mit der Schrotflinte wurden ‚Warnschüsse' abgegeben! Wir schauten nur, dass wir irgendwie von diesem Platz wegkamen. Es war ein heilloses Durcheinander! Unseren ‚Nasenzwerg' störte das nicht. Wahrscheinlich, weil er wieder so voll war, dass er gar nicht merkte, um was es hier ging. Seelenruhig saß er auf einem Sandhügel und schoss mit Steinen die Scheiben einer Villa ein. Wir: ‚Nosnzwerg, kum geh in Orsch, die Bauern erschlogn uns!' Er ganz ruhig: ‚A Scheibn geht no!'

Unser Bus setzte sich langsam in Bewegung. Der Chauffeur war wirklich ein kluger Mann, denn er fuhr ganz langsam, sodass wir irgendwie aufspringen konnten. Es war aber noch nicht vorbei. Rudis Freundin musste nämlich noch für kleine Mädchen. In einem Waldstück verrichtete sie ihr Geschäft und kam mit einem blauen Auge zurück! Na bumm, nicht einmal beim Pinkeln ist man vor den Bauern mehr sicher gewesen!

Und so wehrten wir uns mit unseren Ketten und Holzprügeln, aber der aufgebrachte Mob war nicht zu beeindrucken. Das Ganze nahm derart überhand, dass wir erneut die Flucht ergreifen mussten. Und so liefen wir um unser Leben und sprangen wieder auf den fahrenden Bus auf. Mir ging schon langsam die Puste aus. Thomas zog mich bei der Hand Richtung Bus – er zwang mich quasi, schleppte mich, und so gelangten auch wir beide noch in den Bus. Ach ja – wo war unser ‚Nasenzwerg'? Der hatte nichts Besseres zu tun, als fleißig weiter Scheiben einzuschießen. ‚Du Idiot sollst auf die Bauern schießen und nicht auf Scheiben!' schrien wir ihn später an. Aber er mit seiner ruhigen Art setzte sich in den Bus und schlief ein!

So leckten wir auf der Heimfahrt unsere Wunden und unterhielten uns noch über den ‚wunderbaren' Tag. Es war schon saugeil, endlich richtige ‚Action' zu erleben! Nur die Schrotflinte war ein wenig hart! Irgendwann waren wir wieder in unserem schönen Wien. Fünf Tage später schieden wir in der nächsten Cup-Runde bei der Vöest mit 1:2 aus, aber das ist eine andere Geschichte …

Stellt Euch vor, dasselbe passiert heutzutage! Wir hätten lebenslänglich Stadionverbot bekommen und bis an unser Lebensende Strafen bezahlt. Man hätte einigen von uns die Zukunft verbaut, wenn man uns in den Knast wandern hätte lassen. Wir wären heute ‚Sozialfälle', obwohl es die meisten dieser Leute in ihrem Leben zu etwas gebracht haben, sowohl in puncto Job als auch Familie! Wir sind nicht sozial gescheitert!

Und an dieser Stelle rufe ich dazu auf, dass wir an unsere ‚Jungs' denken, die nicht mehr unter uns weilen. Im Herzen seid Ihr immer bei uns! Auf die gute alte Zeit, als die Bullen und die Presse noch ehrlich und fair waren!

Interessant aus heutiger Sicht, dass der Hannersdorf-Überfall in den Printmedien damals keinerlei Beachtung fand. Der Kurier schrieb ungerührt von einem ‚Sensationellen Besuch beim Cupspiel: 3.500 Zuschauer'."

Koby arbeitete seit Ende der Siebzigerjahre beim Finanzamt und war nebenbei, zusammen mit dem gleichaltrigen Dieter Chmelar, als freier Mitarbeiter bei der Arbeiter-Zeitung tätig, die Anfang der Neunziger eingestellt wurde. Für sie schrieb er Matchberichte über Rapid. Durch diese Tätigkeit hatte er damals schon Kontakt zu vielen Journalisten des Landes und über ihn kam auch der Kontakt zum mittlerweile verstorbenen Gerhard Gries zustande, der die besagte ORF-Doku drehte. Der ORF lud also Koby und Holzi als Vertreter der Rapidfans im Rahmen der Reportage zu einem Lokalaugenschein wenige Wochen nach dem „Skandalspiel" in Hannersdorf ein. Es entwickelte sich ein kultiges, eigentlich schon fast kabarettreifes Zeitdokument und Zwiegespräche mit der einheimischen Dorfbevölkerung, die noch immer von den Ereignissen angefressen wirkte. Doch damit nicht genug: In den folgenden Tagen gingen die Wogen im ganzen Land hoch. Der Kurier interviewte Psychologen, Sportärzte und Vereinschefs zum gezeigten Auftreten der „halbstarken" Rapidfans und kritisierte auch den Staatsfunk, der die Reportage ausstrahlte. Die Krone wiederum schrieb ob des „TV-Schockers": „Große Empörung bei den Fußballvereinen, weil im Fernsehen ein Bericht über eine Gruppe von Rowdys gesendet wurde. Seit geraumer Zeit tyrannisiert eine kleine Gruppe Halbwüchsiger das Fußballpublikum. (…) Sicher ist diese Berichterstattung keine Reklame für die Klubs, aber statt Empörung hätte man schon viel früher Taten setzen und diese Entwicklung stoppen müssen. Im Fußballverband und bei den Vereinen gibt es Kommissionen, Unterkommissionen und Funktionäre in jeder Zahl. Dass man gemeinsam an die Lösung dieses Problems gegangen wäre, ist nicht bekannt. Vielleicht wird gerade dieser TV-Schocker dazu beitragen, dass so etwas nun geschieht und dass noch mehr Initiative ergriffen wird, um die Sportplätze wieder für den echten Fußballfreund begehbar zu machen. An der Zeit wäre es jedenfalls!"

Wie wir anhand der Betrachtung der folgenden Jahrzehnte sehen können, wurden die Hoffnungen des Krone-Kolumnisten nicht erfüllt. Ähnliche Wortmeldungen gab es immer wieder, wenn Fußballrandale für Schlagzeilen sorgten, zuletzt nach dem Spielabbruch vom Derby im Mai 2011. Die Generationen ändern sich – die Auswüchse des Fußballfan-Daseins bleiben dieselben, ebenso wie die Reaktion der Medien und der von ihnen gelenkten Öffentlichkeit, nur dass diese ungleich heftiger und viel stärker wahrnehmbar sind als früher.

Vor einigen Jahren besuchten die Burschen von Forza Rapid übrigens nochmals das Burgenland. Die hiesige Bevölkerung war nicht allzu nachtragend. Die Wunden von damals schienen verheilt zu sein.

Diese und viele andere Geschichten, Zeitungsartikel, sowie Fernsehreportagen sind der Grund dafür, dass die Protagonisten von damals vielen heute noch ein Begriff sind. Roland Kresa gründete im Herbst 1980 zusammen mit dem leider schon verstorbenen Pedro und Christian Sonner die Löwen. Schon nach kurzer Zeit hatten sie dank der Unterstützung von Stefan Singer (heute Flo'Town Boys) am Floridsdorfer Spitz ihr eigenes Lokal im Erdgeschoss eines Zinshauses, das Singer sen. gehörte. Schnell wuchs die Gruppe auf gut 50 Mitglieder. Vorbild bei der Gründung waren natürlich die damals berühmten (und seit dem Tod des Bremer Fans Adrian Maleika 1982 berüchtigten) Hamburger Löwen, zu denen es damals aber noch keine Kontakte gab. Die Hamburger, die sich aufgrund guter Kontakte zu 1860 München „Löwen" nannten, spielten in einer ganz anderen Liga und hingen tief drin in Drogengeschäften, Prostitution und Gewalt. Neben Clubs wie Bunny Hill (ebenfalls HSV), Seerose (1. FCN), Gelsenszene (S04) und der Borussenfront (BVB) galten die Hamburger als Maß aller Dinge. Kontakte zu ihnen entwickelten sich laut Roland erst Jahrzehnte später. Beim Jubiläumsspiel 2009 gegen Liverpool waren einige der Hamburger Löwen zu Besuch im Garde-Keller. Die Hamburger Rocker waren ähnlich wie ein Motorradclub organisiert. Es gab Anwärter und Prospects. Bei unseren Wiener Löwen war man von einer solchen Rangordnung weit entfernt.

Auch auf Seite der Wiener Austria gab es damals einen Klub namens Löwen. Zur Gründung der Vienna-Löwen schrieb Roland 1999 im Block West Echo: „Es war einmal … und das schon vor fast 20 Jahren. Da gab es drei junge Rapidfans namens Pedro Fritz, Sonner Christian und meine Wenigkeit, Kresa Roland. Wir wollten einen eigenen Fanklub gründen. Zu diesem Zeitpunkt gab es gerade mal die Grünen Teufel, sonst war Ebbe. Am 30.09.1980 hatte ich eine Prüfung in der Berufsschule. Gelernt hatte ich nichts, aber an jenem Tag entwarf ich unser Fanklubzeichen samt Namen: SCR Fanklub Die Löwen. Was soll's, auf die Prüfung gab es eine Fünf, dafür aber den zweiten Fanklub bei Rapid. Am Abend traf man sich wie immer bei Sonner Christian in der elterlichen Wohnung. Ich zeigte Pedro und Sonner den Entwurf. Beide gaben ihren Segen, somit war es vollbracht, wir drei hatten unseren eigenen Fanklub. Am nächsten Tag bestellten wir gleich mal 100 kleine Aufnäher und 50 große für die Jacken (Kutten). In zwei Wochen hatten wir 50 Mitglieder. Mehr sollten es auch nicht werden, da wir auch nur 50 große Aufnäher hatten. Unsere Aktivitäten waren Auswärtsfahrten, Saufen, Raufen und Stimmung machen ohne Ende bei den Heimspielen. Es gab auch eine eigene Fußballmannschaft. Der Höhepunkt war unser Fanklublokal, das uns Stefan Singers Vater zur Verfügung stellte. Es war mitten in Floridsdorf, nahe der Prager Straße. Es war ein Zinshaus – echt geil. Es musste renoviert werden, und das machten wir auch. Es wurde ein richtiges Schmuckkästchen und war der Treffpunkt für viele junge Rapidfans. Wir pflegten auch sehr guten Kontakt zu vielen deutschen Fanklubs. Vor mir liegt ein Ordner mit allen Briefen unserer engsten Kontakte: 1860 Blue Army, 1. FCN Red Devils, 1. FCN Seerose usw. Nach und nach hörte es aber auf. So auch mit den Löwen, als man im Fanklublokal eingebrochen und uns alles gestohlen hatte, was es zu stehlen gab. Unsere neuen Fanklubtrikots, Bargeld, sogar die komplette Wimpel- und Schalsammlung. Das Traurige an dem Ganzen, es waren Rapidler, die das machten. Auf diese Geschichte hinauf lösten sich die Löwen auf. Jeder ging seiner Wege. Aber 1985 hatten alle 50 Mitglieder noch einmal einen Auftritt. Man fuhr samt Kutte zum EC Finale Rapid – Everton.

In Österreich hatten wir eine super Freundschaft mit dem SK Vöest Linz. Besonders mit deren Fanklub Blue Army. Waren das noch Zeiten, als man auf der Gugl ‚Grün-Weiss-Blau – Rapid und der SKV!' sang. Ja, lang, lang ist's her."

Es gab kaum Mentalitätsunterschiede zwischen Gruppen wie Teufel oder Löwen, die nach Bezirken organisiert waren, aber den ein oder anderen Wickel gab es zwischen den Fanklubs trotzdem. Die Löwen waren in Floridsdorf beheimatet, die Teufel eher im Westen Wiens (14., 15. und 16. Bezirk). Eine Mischung aus englischem Stil, für den Roland Holzinger stand, und natürlich Einflüsse aus Deutschland (1860 und HSV) waren kennzeichnend für die Atmosphäre im Westen Wiens. Roland Holzinger war es auch, der als erster die rot-blauen Gründungsfarben wieder aufnahm. 1983 ließ er in England erstmals einen Balkenschal in grün-weiß-blau-rot anfertigen, den er dann bei der Firma Viktoria Wimpel in der Gumpendorfer Straße, wo er damals arbeitete, verkaufte. Auch sonst brachte er von seinen regelmäßigen Reisen ins Fußball-Mutterland immer wieder Devotionalien (nicht nur Wimpel, sondern auch Schallplatten und Doc Martens) mit, die auf der West reißenden Absatz fanden. Viele bezeichnen ihn als den ersten Allesfahrer Rapids. Das Balkenmuster im Sampdoria-Style, also Grün-Weiß-Blau-Rot-Weiß-Grün, wurde später dann auch immer wieder von UR verwendet.

Viele der damaligen Gruppen hatten wie die Löwen eigene Lokale bzw. trafen sich bei verschiedenen Wirten. Sobald man bei einem Wirten hinausgeworfen wurde, zog man einfach weiter zum nächsten. In der Meidlinger Rollingergasse zum Beispiel gab es ein Fanklublokal, das dem Fanklub Mighty Greens gehörte, hauptsächlich von der Terrorszene frequentiert wurde, aber auch für viele andere Gruppen als Anlaufstelle diente.

Auch die Teufel hatten ein Lokal, und zwar am Musilplatz im 16. Bezirk. Mit Hilfe der Streetworker vom Verein „Rettet das Kind" wurde ein Bürolokal samt Keller angemietet. Wenige Monate später, im Herbst 1980, kam es zu den ersten Auflösungserscheinungen. Ein paar hörten auf, weil es keinen Spaß mehr machte, andere zerstritten sich, es bildeten sich Untergruppen, die eigene Fanklubs aufmachen wollten. Auch mit den Anwohnern gab es immer wieder Probleme. Im April des Folgejahres lösten sich die Grünen Teufel schließlich auf.

Schon damals sind erste Wickel mit den Austrianern überliefert, vor allem mit dem damals noch sehr aktiven Fanklub Austria 80. Immer wieder kam es auch zu verabredeten Wickeln im Karl-Marx-Hof in Döbling, wenn die Austria („Heimatloses Gesindel", wie sie der Holzi immer nannte) ihre Heimspiele auf der Hohen Warte austragen musste und sich die Rapidler nach dem Match im Weststadion mit der Stadtbahn auf den Weg nach Heiligenstadt machten. Es kam aber auch vor, dass man gemeinsam in den Kampf zog. Zum Beispiel, wenn es am Donnerbrunnen im ersten Bezirk gegen Mods und Popper zur Sache ging, die man heute wohl am ehesten als Snobs mit Föhnfrisur, Kaschmir-Schal und Burberry-Mantel bezeichnen würde. Die „Proleten vom Fußballplatz" überrannten die Schnösel und entsorgten ihre Vespas im Brunnen.

Roland Kresa erzählte oft davon, dass die Mods/Popper-Bewegung, die Anfang der Achtziger auch nach Österreich kam, den Fußballfans von Anfang an ein Dorn im Auge war. Die sogenannte „Schlacht am Donnerbrunnen" fand nach einem Wiener Derby in Hütteldorf statt. Am 20. September 1980 verlor Rapid durch drei Tore von Walter Schachner 2:5 gegen die Violetten. (Derselbe Schachner sollte Jahrzehnte später auch als Hickersberger-Nachfolger in Hütteldorf ein Thema sein.) Schon vor dem Spiel und später während der Halbzeitpause gab es Wickel der Grünen mit den Violetten. Die Krone schrieb dazu: „Der Spaß von zwei übermütigen Austria-Anhängern artete gestern in der Pause des Wiener Derbys zu einer Schlägerei auf dem Spielfeld des Weststadions aus. Ein Anhänger trug eine Fahne mit der Aufschrift: ‚Tod dem SCR' über den Rasen, ein anderer verbeugte sich am Auflagepunkt zur Rapidtribüne – der Startschuss für zahlreiche Rapidfans, über das Gitter zu springen und die zwei Austrianer zu verfolgen. Darauf sprangen wiederum auf der anderen Seite zahlreiche Austria-Anhänger über die Absperrungen und, ehe noch die Polizei einschreiten konnte, war mitten auf dem Spielfeld eine wüste Rauferei im Gange. Die beiden Linien zogen sich vor der Polizei zurück, einige Raufer wurden abgeführt. Nach dem Spiel zog man gemeinsam in die Innenstadt *(Anm.: und ging gemeinsam gegen die Popper vor)*. Es krachte ohne Ende und es dauerte eine ganze Weile, bis die Polizei anrückte."

Roland berichtete weiter: „Plötzlich waren Kiberer ohne Ende in der Stadt, es wurde jeder verhaftet, der nur einen Schal oder eine Kutte trug. Viele versteckten sich in einem Mietshaus, ich lag mit anderen über drei Stunden in einem Keller. Am Sonntag waren alle Zeitungen voll mit der Story, sogar am Titelbild war eine Vespa im Brunnen zu sehen. Für einige Zeit durften auch keine Fußballfans mit Schals und Kutten mehr in die Innenstadt."

Die Krone stellte zwei Tage später für Uneingeweihte die Fronten klar: „Beim Donnerbrunnen und in der Fußgängerzone Kärntner Straße gab es eine Schlägerei zwischen den dort ‚ansässigen' sogenannten Poppern (einer Jugendgruppe) und den Rowdys. Die Jugendlichen attackierten Passanten und Polizisten, schlugen auf Autos ein und trampelten auf Fahrzeugdächer. Erst das Einsatzkommando der Polizei konnte die Situation etwas entschärfen. Bis nach Mitternacht zogen Betrunkene durch die Stadt, demolierten Verkehrszeichen, warfen am Graben Absperrungen bei der Pestsäule um und schleuderten Bierdosen auf die Fahrbahn. Bezirksvorsteher Heinz: ‚So kann es nicht weitergehen. Wir werden eine Sonder-Bürgerversammlung einberufen.' "

Wie das Schicksal so spielt, wurden viele aus der Szene später selber Teil der Mods/Popper- Bewegung.

Als Rapid zwei Jahre später 1982 nach 14-jähriger Pause mit einem 5:0-Sieg über Wacker Innsbruck endlich wieder Meister wurde, geriet die Feier „zur ekstatischen Inbesitznahme des Weststadions durch den Rapidanhang. 25.000 Zuschauer überfüllten den Fassungsraum, besetzten Stiegenaufgänge und erkletterten Vorbauten, Tausende drückten den Zaun des Westsektors nieder und stürmten nach Spielschluss aufs Feld. Der Sachschaden – Ähnliches sollte sich im Jahr darauf beim geglückten Meisterschaftsfinish in Eisenstadt wiederholen – führte zur weiteren Stigmatisierung der Kurve als Käfig voller Randalierer und zu einem neuen, höheren Zaun." (Block West Echo Neu, Fanzine der Ultras Rapid, #6, 2010)

Detail am Rande, aber es passt in die damalige Zeit: Wenige Tage nach dem Titelgewinn gegen die Tiroler fand im Praterstadion ein Freundschaftsspiel gegen Partizan Belgrad mit anschließender Tellerübergabe statt. Von den lediglich 7.500 Zuschauern waren nicht einmal die Hälfte für Rapid. Beim Lauf der Ehrenrunde präsentierte Hans Krankl den Meisterteller. Viele Rapidler stürmten in einen an und für sich abgesperrten, weil frisch renovierten Teil des ersten Ranges. Die noch feuchte Betonbrüstung im ersten Rang (im Bereich des heutigen C-Sektors) gab unter dem immer stärker werdenden Druck nach. Dreißig Zuschauer stürzten vier Meter in die Tiefe, dreizehn mussten ins Spital. Die Verantwortlichkeit wurde, wie in solchen Fällen üblich, hin- und hergeschoben und hätte fast das erste Live-Open Air im Praterstadion verhindert. Die Rolling Stones durften einen Monat später aber doch wie geplant vor 25.000 Fans auftreten. Zwei Jahre später, zwischen 1984 und 1986, wurde das Wiener Stadion dann generalsaniert und komplett überdacht.

Beide Meisterfeiern, sowohl 1982 gegen Wacker Innsbruck als auch 1983 in Eisenstadt, gerieten außer Kontrolle. Bei beiden Spielen entstand ein Sachschaden von mehreren Hunderttausend Schilling. Jeder kennt das Bild von Hans Krankl, wie er im Gipshaxen und auf Krücken vor der Tribüne im Lindenstadion steht, um die feiernden Rapidfans vom frühzeitigen Platzsturm abzuhalten. Der Schiri pfiff die Partie in Eisenstadt dann einige Minuten früher ab, nachdem er die Spieler davon in Kenntnis gesetzt hatte, um allen den Sprint in die Umkleidekabinen zu ermöglichen. Der Eisenstädter Vorstand überlegte nachher sogar, Rapid ob seines Anhangs und des entstandenen Schadens nicht mehr im Lindenstadion spielen zu lassen. Selbiges ging auch dem Salzburger Landeshauptmann zwei Jahre später durch den Kopf, wie wir noch sehen werden. Geworden ist daraus in beiden Fällen natürlich nichts. Keiner konnte es sich leisten, auf die hohen Einnahmen zu verzichten, wenn Rapid zu Gast war.

Verein, Polizei und Wiener Stadtverwaltung kündigten nachher eine Aktion gegen die Rowdys an – mit mäßigem Erfolg.

19 Jahre später sollte übrigens ein zweites Skandalspiel von Rapids im Burgenland an selber Stelle folgen.

Schade, dass es das Lindenstadion mittlerweile nicht mehr gibt.

Nochmals Domenico Jacono (Block West Echo): „In den Folgejahren veränderte, politisierte und extremisierte sich der Westsektor. Die frühen Achtziger waren in Wien generell von wirtschaftlicher Unsicherheit und hoher Jugendarbeitslosigkeit geprägt, ein guter Boden für radikale Tendenzen, wie man auch an den gewalttätigen Opernballdemos dieser Jahre sieht. Es entwickelte sich eine Hooliganszene, und die markenbewusste Mode der Casuals gesellte sich zum Kuttenstil. Wie wir später noch sehen werden, hielten auch Skinheads Einzug auf der West."

Gerhard König, später UR-Gründungsmitglied, gründete zusammen mit Domenico Jacono die Number One. Thomas Kern war beim Rapid-Fanklub Hooligans, der sich 1983 im Zuge des sogenannten „Terrorszene-Prozesses" aber wieder auflöste – typisch für das damalige Kommen und Gehen von Fanklubs. Hintergrund des „Terrorszene-Prozesses" war das EC-Spiel der Austria im Prater gegen Barcelona am 2. März 1983. Schon ein halbes Jahr vorher (im September 1982) hatte es, ebenfalls beim EC-Spiel der Austria gegen Panathinaikos (!), im Prater kräftig gekracht. Auch damals, als es gegen die um einige Jahre älteren und kampferprobteren Griechen ging, war Rapid gut vertreten (ebenso bei späteren EC-Matches der Austrianer, etwa gegen Tottenham (März 1984 im Prater) oder gegen die Bayern im Hanappi-Stadion). Am Rande des Spiels gegen die Katalanen nun kam es zu heftigen Wickeln zwischen Austrianern und Rapidlern (hauptsächlich Mitglieder der Hütteldorfer Terrorszene (HDTS), aber auch von den Löwen und den Hooligans) und in weiterer Folge zu gemeinsamen Kämpfen gegen die Staatsgewalt. Im Zuge dieser Auseinandersetzungen wurden auch einige Zivilpolizisten verletzt.

Sechzehn Rapidler, von den Medien auch als Rocker tituliert, damals größtenteils noch Jugendliche, wurden verhaftet und – wie sich später herausstellte – durch Gewaltanwendung zu Geständnissen gezwungen. Man warf der Bande eine ganze Latte an Delikten vor, unter anderem sollen sie Polizisten geschlagen, Straßenbahnzüge demoliert, Trafikanten bestohlen und Wirte geprellt haben. Benco, früher Mitglied von Number One und später der HDTS, erzählte beispielsweise, dass er erst nach vierzehn Tagen ziemlich bedient aus der Einzelhaft der Jugendhaftanstalt entlassen wurde. Immer wieder wurde man während des Einsitzens verhört, solange bis die ersten Widersprüche in den Aussagen auftauchten. „Wie die Tanzbären wurden die Burschen verhaut", erklärte Benco weiter. Nach 21 Tagen wurde auch der Letzte der Inhaftierten wieder freigelassen.

Der Prozess fand im Dezember desselben Jahres statt und war anfangs nur für zwei Tage anberaumt. Als aber keiner der Anklagepunkte hielt, Verfahrensfehler offensichtlich wurden und die im berüchtigten Polizeikommissariat Leopoldstadt erprügelten Geständnisse zu Tage kamen, wurde der Prozess vertagt und einem Untersuchungsrichter übergeben. Über ein Jahr später, im Jänner 1985, wurde der Prozess neu aufgerollt. Schlussendlich wurden sechs Rapidler freigesprochen, gegen einen Angeklagten wurde das Verfahren eingestellt und die restlichen neun wurden zu bedingten Haftstrafen verurteilt.

Der Richter stellte in seinem Urteil fest: „Im Polizeikommissariat Wien-Leopoldstadt sind sicherlich Unregelmäßigkeiten vorgekommen. Es besteht die Möglichkeit, dass die Angeklagten geschlagen wurden. Ich nehme dies für den Prozess an. Dass sie misshandelt worden sind, das darf ich nicht sagen, da müsste man die Polizisten anklagen."

Der OHG hob 1986 schließlich viele der Schuldsprüche auf, bei den restlichen erstinstanzlich Verurteilten wurde das Strafmaß deutlich reduziert. Die Prügelpolizisten wurden, obwohl teilweise schon vorbelastet, nicht weiter belangt bzw. versetzt. Der Anwalt eines der Verurteilten forderte sogar 100.000 Schilling (über 7.000 Euro) Schadensersatz dafür, dass sein siebzehnjähriger Mandant sechs Tage ohne rechtliche Grundlage festgehalten wurde und drohte mit einer Klage vor dem Europäischen Gerichtshof.

Es war dies einer der ersten Prozesse, der die Rapid-Fanszene nachhaltig betraf. Weitere Prozesse (Eisenstadt, Kapfenberg, Westbahnhof) folgten und fanden auch in der Presse immer mehr Platz.

Der Westbahnhof-Prozess im Herbst 2011 sollte schließlich alles bisher Dagewesene übertreffen, obwohl dort im Endeffekt am wenigsten passiert ist: Nach dem Heimmatch gegen Mattersburg hatte sich ein Haufen Rapidfans aller möglichen Gruppen und quer durch alle Generationen versammelt, um die Austrianer am Westbahnhof „abzuholen", die von ihrem Auswärtsspiel in Linz heimkehrten. Passiert ist dabei eigentlich gar nichts, da die Austrianer über eine Seitenstraße abgeleitet wurden. Es gab keine Verletzten, wenn man von einem Polizisten absieht, der von einer Tabasco-Flasche gestreift wurde, keine Festnahmen und nur geringen Sachschaden, der der ÖBB aber rückerstattet wurde. Trotzdem wurden am Ende 85 Rapidler ausgeforscht und wegen Landfriedensbruch angezeigt. Die Beschuldigten wurden ausnahmslos schuldig gesprochen und zu Geldstrafen sowie bedingten und unbedingten Haftstrafen verurteilt.

Nur wenige Monate zuvor, im Mai 2011, war es zu dem schon erwähnten Platzsturm beim Heimderby gekommen, was für den Prozessverlauf wohl nicht gerade förderlich war.

Aber zurück in die 1980er Jahre. Zum Zeitpunkt der Revision des Terrorszene-Prozesses Mitte der Achtziger war die erste Fangeneration der Teufel und der Löwen schon kaum mehr vorhanden. Viele Kleingruppen waren entstanden und dienten einer radikalen und gewaltbereiten Jugend als Auffangbecken. Die Zeitungen wussten beinahe jedes Wochenende von Raufereien der Rapidrocker zu berichten. In Hütteldorf, in der Innenstadt und überall dort, wo Rapid auswärts antrat, krachte es, egal ob in Graz, Linz, Innsbruck oder Eisenstadt. Dutzende Briefe von Gastwirten und Geschäftsleuten, die zechgeprellt oder deren Lokale zertrümmert wurden, erhielt der SK Rapid in jenen Jahren.

Die Terrorszene wurde zum Synonym für den gewaltbereiten Rapid-Anhang und erweckte auch das Interesse des Boulevards. Im September 1983 brachte das deutsche Magazin stern eine Geschichte über die Dortmunder Borussenfront. Der Artikel mit dem Titel „Blut, Blut muss fließen", der auch die rechte Ausrichtung der Gruppe beleuchtete, rief den deutschen Verfassungsschutz auf den Plan und hatte staatsanwaltschaftliche Ermittlungen zur Folge. So weit kam es in Wien zum Glück nicht.

Auch der Rennbahn Express, den es leider nicht mehr gibt, berichtete nicht nur über die Rolling Stones oder Pink Floyd, sondern brachte die ein oder andere Exklusivgeschichte über die Rapidrocker, die die brave Erwachsenenwelt terrorisierten. Die Interviews kamen damals meist durch Vermittlung von Koby und die damals schon aktiven Streetworker zustande. Interessant dabei, dass der Rennbahn Express im Gegensatz zur restlichen Presse sehr differenziert über die damaligen Ereignisse berichtete.

Mit dem sportlichen Höhenflug in den Achtzigern (viermal Meister und Pokalsieger, Europacupfinale 1985) ging aber eine fantechnische Talfahrt einher. So gab es beim ersten EC-Endspiel in Rotterdam gegen den FC Everton keinen wirklich organisierten Support und Auftritt der Hütteldorfer Szene. Der Anhang reiste in dutzenden Bussen und zwei Sonderzügen an. Samba Speising organisierte damals sechs Busse. Unter die blau-weißen Everton Fans mischten sich auch immer wieder grün-weiße Celtic-Anhänger, die den Ärger über das grade mal ein halbes Jahr zurückliegende verlorene Entscheidungsspiel in Manchester wohl noch nicht verdaut hatten.

Nach den Auseinandersetzungen im Spiel gegen den SAK (Salzburg) im September 1985, die einen Toten zur Folge hatten, war es um die Hütteldorfer Szene ganz geschehen. An besagtem Freitagabend gewann Rapid in Lehen nach 0:2 Rückstand noch mit 3:2. Während und vor allem nach dem Match schepperte es an allen Ecken. Sogar der ORF-Spielbericht, der heute noch im Rapideum zu sehen ist, zeigte, wie es krachte. Die Zeitungen wussten am nächsten Tag von zwanzig Schwerverletzten zu berichten. Ein 24-jähriger Rauchfangkehrer aus Hof blieb bewusstlos vor dem Müllnerbräu liegen und wurde mit einem Schädel-Hirn-Trauma ins Krankenhaus gebracht. Nach wenigen Tagen im künstlichen Koma erlag er seinen Verletzungen. Vor dem Hintergrund dieser Geschehnisse und dem, was im Heysel-Stadion in Brüssel wenige Monate zuvor passiert war, forderte Salzburgs Landeshauptmann Haslauer sogar ein Stadtverbot für Rapid und vor allem für dessen Anhang. Der mutmaßliche Täter wurde zu dreieinhalb Jahren Haft verurteilt.

Zeitweise fanden sich in jener Zeit nicht einmal mehr hundert Leute auf der West ein. Auch viele Europacupspiele fanden vor halbleeren Rängen statt. Große Erfolge vor leeren Rängen also. Lediglich die Flo'Town Boys (damals noch Rapidfans Florisdorf), die teilweise aus den Löwen hervorgegangen waren und sich 1985 gegründet hatten, waren damals noch aktiv.

In jene Zeit fällt auch die systematische rechte Unterwanderung des Block West durch Gottfried Küssel und seine VAPO (Volkstreue Außerparlamentarische Opposition). Die Hauptrekrutierungszeit der späteren VAPO fiel ins Frühjahr 1983, zeitlich im Vorfeld der Nationalratswahl im April desselben Jahres. Die Volkstreue Außerparlamentarische Opposition war eine militante, neonazistische Gruppe, die von Anfang der Achtziger- bis Mitte der Neunzigerjahre aktiv war. Küssel versuchte, im Block West junge Anhänger zu finden, die dann in den VAPO-Keller (NS-Gruppe Babenberger) in die Siebensterngasse im 7. Bezirk eingeladen wurden bzw. zu den berüchtigten Wehrsportübungen nach Langenlois (NÖ). Im Zuge der Briefbombenaffäre wurde die VAPO zerschlagen und einige Mitglieder, darunter Küssel, wegen NS-Wiederbetätigung zu mehrjährigen Haftstrafen verurteilt. Dem Fanklub Samba Speising (gegründet 1981 und seit 1991 nur mehr Rapid Fanklub Speising) muss man es heute noch hoch anrechnen, zusammen mit den Streetworkern als erste dagegen vorgegangen zu sein, noch bevor die Staatspolizei aktiv wurde und szeneintern ein Selbstreinigungsprozess stattfand. Pickerln mit der Aufschrift Rapids ok – Nazis Ade! Rapidler wollen frei sein, weg mit dem Nazi Dreck! wurden damals vom Janda Hans und dem jungen „Düsseldorfer“ angefertigt, der seine Fankarriere bei den Speisingern begann. Derselbe „Düsseldorfer“, der später auch UR-Mitglied und Bindeglied zwischen der zweiten UR-Generation und den Alten war, erzählte eine Anekdote, wie er als damals Fünfzehnjähriger im Stadion nichtsahnend auch dem „Hauptsturmführer“ Küssel die Pickerl andrehen wollte, woraufhin es beinahe im Block gescheppert hätte. Hans Janda blickte in Forza Rapid auch auf die damalige Zeit zurück: „Einmal ist der Küssel dann am Abgang oben im Block zu mir gekommen und meinte: ‚Komm her da, du Bolschewikensau!‘ Er war mit zehn bis fünfzehn Leuten da und wollte mich stellen. Hinter mir sind aber die Leute glücklicherweise immer mehr geworden, da hat er dann gesehen, dass es für ihn vielleicht schlecht ausgehen könnte und ist gegangen. Das war ein Schnittmoment, weil ich ja nicht wusste, wie viele da hinter mir sein würden.“

Gottfried Küssel stand seitdem immer wieder vor Gericht, das letzte Mal wurde er noch nicht rechtskräftig im Jänner 2013 zu neun Jahren unbedingt wegen NS-Wiederbetätigung verurteilt.

Die Streetworker waren bis Ende der Neunzigerjahre auf der West vertreten und griffen den jugendlichen Fans, wenn gewünscht, immer wieder unter die Arme.

Für Aufregung sorgte im September 1986 die Auswärtsfahrt zum belgischen Club Brügge. Vor dem Match wurden 37 Anhänger festgenommen. Messer, Knüppel und eine Schreckschusspistole wurden gefunden. Aufgefallen sind Teile der Reisegruppe, als sie die Stadionmauern mit Terrorszene – SC Rapid beschmierten. Ein Jahr nach Heysel kam das bei den belgischen Beamten nicht sonderlich gut an. Polizeihauptmann Leo Weidinger, der Rapid damals immer als Sicherheitsbeauftragter im Europacup begleitete, stellte danach fest: „Dass sie das Spiel nicht sehen durften, war die beste Strafmaßnahme. Das war ein Ansatz von Rowdytum, der durch das Eingreifen der belgischen Kollegen erstickt worden ist."

Folgendes berichtete mir der „Düsseldorfer" über den Ausflug nach Belgien: „Nach Brügge sind wir mit einem 50-Mann-Bus angereist. In den frühen Morgenstunden sind wir beim Stadion angekommen. Die Tore waren einladend offen und wir haben uns auch nicht lange bitten lassen; für viele das erste und letzte Mal, dass sie den Ground von innen sahen.

Die Stadionmauern wurden von zwei unserer Leute sogleich mit Spraydosen verschönert, unter anderem ‚Hütteldorfer Terrorszene', die Belgier sollten wissen, dass wir hier sind. Es hat keine zehn Minuten gedauert, schon waren wir von der Polizei umzingelt. Der Einsatzleiter wollte von uns wissen, wer für diese Schmierereien verantwortlich sei. In Anspielung auf die Katastrophe im Heysel-Stadion ein Jahr zuvor hat er auch gemeint: ‚Hier geht so etwas nicht, wir sind hier nicht in Brüssel, wir sind in Brügge!'

Nachdem keiner die Namen preisgegeben hatte, wurden kurzerhand alle Rapidler verhaftet. Ich hatte den Braten schon gerochen und mich leise in das angrenzende Gebüsch zurückgezogen.

Die Flucht war mir zunächst geglückt!

Ebenfalls „entkommen" war Alex von den Vöestlern, der später bei Taxi Orange Karriere machen sollte und während der ganzen Aktion noch seinen Vollrausch im Reisebus ausschlief.

Ich selbst bin dann alleine in die Stadt gezogen, wo ich Kern Thomas und andere Grüne traf. Gegen Abend in einer Kneipe beim Stadion konnte ich dann auch einige Jungs aus Düsseldorf treffen, die ich zu diesem Spiel eingeladen hatte. Die Freude war nur von kurzer Dauer, Christbaum Peter kam ins Lokal und vermeldete, dass die verschollenen Reisebusse mit unseren Transparenten beim Stadionparkplatz eingetroffen seien. Ich machte mich mit dem ‚Schreihals' vom Fanklub Alkoszene auf den Weg, um die Transparente zu holen. Anzumerken wäre, dass im Bus auch einige Baseballschläger, abgebrochene Tischbeine, Regenschirme und bei der Hinfahrt selbst gebastelte Molotowcocktails für ein etwaiges Treffen mit Brügge Hooligans mitgeführt wurden. Diese wurden bereits von den Bullen entfernt, die ohne unser Wissen vorsorglich den Bus durchsucht hatten.

Als wir das Fahrzeug erreicht hatten und die Transparente herausholen wollten, sprangen ein Dutzend Bullen aus den angrenzenden Gebüschen und stellten uns mit gespreizten Beinen an die Busse. Wir wurden perlustriert und auf Deutsch gefragt: ‚Sind Sie mit diesem Bus gekommen?' Das war's dann, ab in den Knast zu den anderen! Ein Salzburger Rapidfan, der eigentlich mit dem Zug angereist war, wurde sicherheitshalber gleich mitgenommen.

Mit dem Lift, und das war das einzig Moderne in diesem Knast, ging es in den Keller, wo wir schon das Geschrei der anderen hören konnten, insgesamt waren wir 37 inhaftierte Rapidler. Ich kam in eine Zelle mit Sailer Christian und einem der Klempner.

Eine Zelle weiter saß auch ein wirklicher Düsseldorfer, man konnte sich gut miteinander verständigen. ‚Danke für deinen Besuch, Schnappi, das nächste Mal trinken wir was miteinander!'

Die Zellen waren ca. 2×2 Meter groß und nicht belüftet, Wassertropfen standen auf der Decke, man durfte die Toilette nicht benutzen, und so hatten ein paar Leute unter der Zellentüre Richtung Gang ihre Notdurft verrichtet, ein Dankeschön hier noch mal an die belgische Polizei!

Nachdem wir einzeln fotografiert und unsere Fingerabdrücke genommen wurden, mussten wir wieder in unsere Zellen, jeder, der zurückkam, hatte den Spielstand parat, da die Bullen das Spiel im Fernsehen sahen und wir den Stand ablesen konnten.

Das Spiel endete bekanntlich 3:3, unfassbare Jubelszenen spielten sich bei unseren Toren ab, es wurde in allen Zellen geschrien, an die Eisentüren gedroschen und gemeinsam gesungen, die Bullen haben gesagt: ‚Ihr seid wie Tiere!'

Ach ja, im Laufe meiner dreistündigen Anwesenheit kam auch noch der österreichische Botschafter vorbei. Bei uns hat er einen Blick in die Zelle geworfen und gemeint: ‚Ihr seid eine Schande für Österreich!'

Nach dem Spiel wurde der Bus vor dem Knast vorgeführt. Bis auf Postler Manni, dem man die Schmierereien beim Stadion anhängen wollte, der es aber definitiv nicht gewesen ist, wurden alle freigelassen. Zu guter Letzt haben wir ihn nach einer Sammelaktion im Bus quasi freigekauft. Wir wurden mit Polizeieskorte an den Stadtrand gebracht.

Angefressen haben wir dann gleich die erste Autobahnraststation überfallen und geplündert, es wurde vor dcn Augen der Angestellten alles entwendet, was nicht irgendwie angeschraubt war.

Die ganze Aktion hat allerdings nicht viel gebracht, war auch nicht unbedingt klug!

Wir wurden von der Polizei vor der Grenze abgefangen, zurück an diese Raststation gebracht, und mussten sämtliche geplünderten Sachen wieder zurückgeben.

Dann wurden wir mit Polizeieskorte diesmal bis zur Grenze gebracht und das war's dann!

Baba es Heisln!"

In den folgenden Jahren und Jahrzehnten hatte der Rapidanhang immer wieder Probleme mit der belgischen Exekutive bekommen …

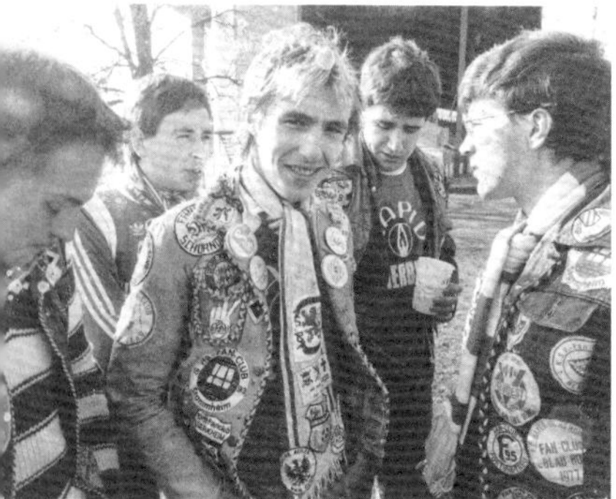

Zwei Protagonisten der frühen Fanszene, Roland K. (Mitte) und Rudi K. (rechts) in Linz, 1980.

In jener Zeit fanden unter anderem Gerhard, Domenico und wenig später auch Roland Kresa zusammen. Domenicos Familie stammt aus Ischia, einer Insel vor Napoli. Mit seinem Cousin besuchte er immer wieder Spiele im Stadio San Paolo, wo am Spielfeld mit Maradona und in der Kurve in Sachen Tifo neue Maßstäbe gesetzt wurden.

Domenico war es auch, der den ersten selbstgebastelten Rauchtopf bei Rapid zündete. Tatort war die Grazer Gruabn im April 1984. Die Anleitung zum Basteln von Rauchtöpfen fand er, heute unvorstellbar, im Supertifo. Als er sich einige Wochen später beim neuerlichen Zündeln im Cupfinale gegen den FAK durch eine Stichflamme verletzte, war mit dem Feuerzauber aber erst mal Schluss.

Der Doublegewinn von Napoli im Jahr 1987 sorgte auch in Wien Hütteldorf für neue Euphorie. Gerhard und Domenico fuhren mit dem Motorrad gemeinsam nach Udine und von dort direkt nach Innsbruck weiter, um für das Cupfinale im Juni 1987 gegen den FC Tirol Rauchfackeln zu besorgen, die dann anlässlich des Cupsieges erstmals den Rapidsektor erhellten. Im Sommer desselben Jahres schneiderten die beiden nach Vorbild des Commando Ultrà Curva B aus Napoli einen grün-weißen Fetzen mit der Aufschrift Commando Ultras, der beim EC-Spiel gegen Eindhoven im Herbst 1987 das erste Mal zu sehen war.

Franz Binder jun., damals Leiter der Geschäftsstelle und Manager in Personalunion, erlaubte das Aufhängen von Transparenten aber nicht, somit wurde der neue Fetzen einfach über die erste Sitzreihe gespannt. Auch die erste Überrollfahne, die je die West bedeckte, wurde von Gerhard und Domenico geschneidert und beim bereits erwähnten Spiel gegen den PSV präsentiert. Detail am Rande: Die mitgereisten Holländer präsentierten in ihrem Block (erster Rang Nordtribüne) ebenfalls eine Überrollfahne. In einer Schuhschachtel, auf die Choreographie-Ausschnitte aus dem Supertifo aufgeklebt waren, hatten Gerhard und Domenico vorher die damals doch erhebliche Summe von 10.000 Schilling (umgerechnet rund 700,– Euro) auf der West für den Kauf des dafür benötigten Stoffes gesammelt. (Die Fahne wurde später noch einige

Male abgeändert und zum Beispiel gegen Inter Mailand drei Jahre später wieder präsentiert.)

Die Geschichte rund um die Überrollfahne war auch der Ganzen Woche bzw. dem Wolfgang Winheim vom Kurier einen Artikel wert, die schon im Vorfeld vom Koby darüber unterrichtet worden waren. Interessant am Artikel der Ganzen Woche ist der Zusatz: „Wir sind friedliche Fans."

Gerhard war damals also schon voll vom italienischen Tifo-Virus befallen und holte in weiterer Folge noch Roland Kresa ins UR-Boot. Durch italienische Zeitschriften wie den schon genannten Supertifo oder den Guerin Sportivo kam er mit der damals noch blühenden italienischen Szene in Verbindung. Durch gemeinsame Fahrten nach Udine, zu den Derbys nach Rom und in weiterer Folge vor allem nach Genua wurden beide in dem Glauben bestärkt, etwas ähnlich Großartiges eines Tages auch in Wien Hütteldorf auf die Beine stellen zu können.

So kam es, dass im Jahr 1988 offiziell die Ultras Rapid Block West 1988 gegründet wurden. Zu Roland Kresa, Gerhard König und Thomas Kern gesellten sich noch Sabine Karl und Rudolf Koblowsky als Gründungsmitglieder. Die oft zitierten fünf K's hatten also zusammengefunden.

Sabine Karl war schon in den Achtzigern im Umfeld der Löwen und später im Umfeld der Floridsdorfer aktiv, was damals für ein Mädchen Mitte zwanzig sicher ungewöhnlich war. Gemeinsam wollte man was verändern. Stimmung und Choreographien, wie es sie weiter südlich schon lange gab, sollten auch in Hütteldorf Einzug halten. Über den Namen der neugegründeten Gruppe gab es wenig Diskussion. Da man ja eine Ultrasgruppe gründete, war der Namen im Prinzip schon vorgegeben. Andere mögliche Namen, wie sie in Italien ja weit verbreitet waren, wurden erst gar nicht in Betracht gezogen. Zur Bezeichnung Ultras Rapid kam später noch die Bezeichnung Block West bzw. die Jahreszahl 1988 hinzu.

Koby, laut Eigendefinition Sozialromantiker, der viele Spiele in Deutschland besuchte und sich der Sozialromantik zuliebe oft in einen Gästesektor stellte, um sich die Leute anzuschauen, war es auch, der in der Saison 1987/88 das erste Hütteldorfer Fanzine namens West Block herausbrachte, von dem allerdings nur ein oder zwei Ausgaben erschienen. Dieses erste Fanzine der West bestand aus einer bunten Collage aus allerlei Zeitungsartikeln über alles, was sich rund um die Fußballspiele in Österreich ereignete. Zudem organisierte Koby in jenen Jahren, bis Mitte der Neunziger, auch die Gruppenfahrten des Rapidanhangs mit den ÖBB quer durch Österreich. Die letzte von ihm organisierte Fanfahrt führte die grüne Anhängerschaft 1993 nach Altheim (Oberösterreich) zum Cup-Auswärtsspiel. Die Fahrt endete in einem großen Tohuwabohu.

In den ersten Jahren nach der ihrer offiziellen Gründung 1988 distanzierte sich UR immer wieder öffentlich vom Thema Gewalt, ansonsten wäre die mühevolle Aufbauarbeit, die in den ersten Jahren geleistet wurde, wohl auch zwecklos gewesen. Es war keine Distanzierung von den Gewalttätern, die es vorher und nachher natürlich immer im Umfeld gegeben hat, aber um stimmungstechnisch voranzukommen und um die Glaubwürdigkeit gegenüber dem Verein und der Öffentlichkeit zu bewahren, war eine gewisse Abgrenzung einfach nötig.

Im zweiten Go West! vom Frühjahr 1994 stand Folgendes zu lesen: „Da wir Ultras gute Kontakte zu Polizei und Vereinsleitung hegen, liegt es jetzt an allen Rapidfans, dieses Vertrauen ‚von oben' nicht zu enttäuschen. Nur durch diszipliniertes Verhalten auf der Westtribüne werden wir die Erlaubnis für weitere Aktionen im Hanappi-Stadion bekommen, die Bengalfackeln vor Spielbeginn sind ein erster Schritt."

Ein Jahrzehnt später gab es diese Abgrenzung zur Gewalt dann nicht mehr. Die Entscheidung, Politik, egal welcher Couleur, aus der Kurve draußen zu halten, wurde Ende der Achtziger getroffen und hat zum Glück bis heute Gültigkeit.

Aller Anfang war allerdings schwer. Es dauerte lange Monate, ja fast schon Jahre, bis sich die neue, italienisch-geprägte Ultraskultur im Westen Wiens durchsetzen konnte und akzeptiert wurde. Gerne erzählen Roland und Gerhard davon, wie sie in der Anfangszeit als die zwei „Depperten" geschimpft wurden, sobald sie mit ihren Fahnen vor dem Stadion auftauchten.

In derselben Zeit, in der sich UR gründete, entstand auf der Nord schon eine Partie, die sich Internationale Ultras Penzing nannte, teilweise auch schon zündelte und in umgedrehten Bomberjacken auftrat. Als Fetzen diente ein bemaltes weißes Leintuch. Den Schmäh mit den umgedrehten Bomberjacken hatte man sich aus Italien abgeschaut. Die 15 bis 20 Leute umfassende Partie bestand aus Mitgliedern verschiedenster Herkunft und war Rapids erste Multikulti-Truppe. Einen Wechsel auf die West wollte man aber irgendwie nie vollziehen, erzählte mir Fredi einmal, obwohl Thomas Kern sie gerne in die Kurve geholt hätte.

Noch heute erzählt man sich in Hütteldorf gerne Anekdoten über die Besuche bei den Genua-Derbys der beginnenden Neunzigerjahre, auch wenn die Protagonisten über den Wahrheitsgehalt streiten. Bei einem Derby im Dezember 1994 hing der Vorläufer unseres Auswärtsfetzens auf einem der seitlichen Türme der Gradinata Sud, während Koby, der mehr zum CFC hielt, selbiges Kunststück in der Nord schaffte. Zumindest der erste Teil der Geschichte stimmt, über den zweiten gehen die Meinungen auseinander.

Folgend ein kurzer Bericht von Roland zu besagtem Spiel Anfang Dezember 1994 in Genua. „Wieder einmal war Genua Derby. Zusammen mit Josef, Pauli, Gerhard, Koby, Luigi und Alex machte ich mich in einem Kleinbus auf den Weg. Als einzige CD hatten wir Scooter mit an Bord, was Rudi in weiterer Folge noch den letzten Nerv rauben sollte. In der Nähe von Mailand machten wir einen kurzen Zwischenstopp, um bestellte Schals abzuholen. Gerhard kaufte zudem kiloweise Nudeln und literweise Mineralwasser ein, als ob in Wien der Notstand ausgebrochen wäre. Nach elf Stunden Fahrt erreichten wir endlich unseren Zielort. Luigi, unser Napoletano, kontaktierte Cinzia von UTC (Ultras Tito Cucchiaroni) wegen der Eintrittskarten und wir machten uns auf den Weg ins UTC-Haus, das sich damals noch einen Steinwurf weg vom Stadion befand. Den Abend verbrachten wir bei den sehr gastfreundlichen Sampdoriani. Pauli und Luigi erwiesen sich als ausgezeichnete Wuzzler und ließen den Italienern keine Chance. Im Lauf des Abends kam auch das Thema ‚gemellaggio‘ (Fanfreundschaft) auf, zumal wir ja schon des Öfteren auf Besuch waren und schon die ersten Kontakte geknüpft hatten. Das UTC Direttivo fand es einstweilen ok, dass unser Fetzen am folgenden Tag in der Sud hängen würde. Am nächsten Tag trafen wir uns am Nachmittag vor dem Stadion. Als die UTC aber plötzlich Faxen wegen unserem Transparent machte, entschlossen wir uns, es einfach an einem der Ecktürme aufzuhängen, wo es dann auch das ganze Spiel über hängen blieb. Die Sampdoriani waren aber nicht wirklich böse, Luigi unterhielt sich nach dem Match noch lange mit einem der Capi. Gerhard besorgte sich auf der Rückfahrt sogar noch einen italienischen Kinderwagen und dann ging es, untermalt von Hyper Hyper, wieder ab nach Wien."

Die Idee der Gründung einer UTC Sezione Vienna, die so manchem damals durch den Kopf ging, wurde am Ende verworfen. Der als „UR-Anserschal" bekannte Wollschal ist eine exakte Kopie eines Wollschals, den die UTC schon viele Jahre zuvor herausgebracht hatten. Auch für die Burschen späterer Generationen stellten die UTC immer wieder ein nachahmenswertes Vorbild dar. Immer wieder wurden und werden Spiele von Samp besucht.

Auch Parma wurde immer wieder mal angesteuert. Beim UEFA-Cup-Finalrückspiel im Mai 1995 zwischen Juventus und Parma, das Juve in Mailand spielte, hing auch ein kleiner UR-Wimpel in der Parma-Kurve.

Es gibt noch eine markante Geschichte zu Rudolf Koblowsky. Er hat René Wagner entdeckt und dafür von Rapid eine symbolische Summe als Anerkennung erhalten. „Wagner passt zu Rapid, dem hat man die Verschwendungsbereitschaft angesehen. Rennt wie ein Vieh, geht die Wege, ist beidbeinig. Er will sich aber nicht vermarkten lassen, er hat Angst vor unserer Welt. Tschechien ist nur 120 Kilometer weit weg, aber eine andere Welt. In Madrid oder Turin wäre er verloren", so Kobys Einschätzung. Ernst Dokupil meinte damals: „So ein Spieler hat uns jahrelang gefehlt. Er ist kaltschnäuzig, vor dem Tor nicht auszurechnen."

Koby erzählte mir einmal, dass ihn drei Dinge immer wieder in den Osten trieben, das gute Essen, alte Dampfloks und der Fußball natürlich. Seine Vorfahren waren vertriebene Sudetendeutsche, was wohl ein weiterer Grund dafür war, dass er sich immer wieder in Tschechien herumtrieb. Boby Brünn hatte neben Baník Ostrava damals den stärksten Anhang, was Koby immer wieder Spiele von Boby anschauen ließ. So ist er auf den jungen René Wagner gestoßen und konnte schließlich die sportliche Leitung Rapids überreden, sich vor Ort ein Bild über den talentierten Stürmer zu machen.

20.000 Schilling (umgerechnet 1.400 Euro) erhielt Koby damals quasi als Belohnung für seinen Tipp, der Rapid zwölf Millionen Schilling (über 800.000 Euro) kostete, sich aber als wahrer Volltreffer erwies. Mit dem Geld kaufte er sich ein Scott Mountainbike mit immerhin 21 Gängen um 15.000 Schilling, das ihm wenig später am Praterstern g'fladert wurde.

…

2018 stand an – es galt das 30-jährige Gruppenjubiläum zu feiern. Fast schon traditionell am 1. Februar traf sich der sogenannte Kern der Ultras Rapid, um gemeinsam ins Jubiläumsjahr zu starten.

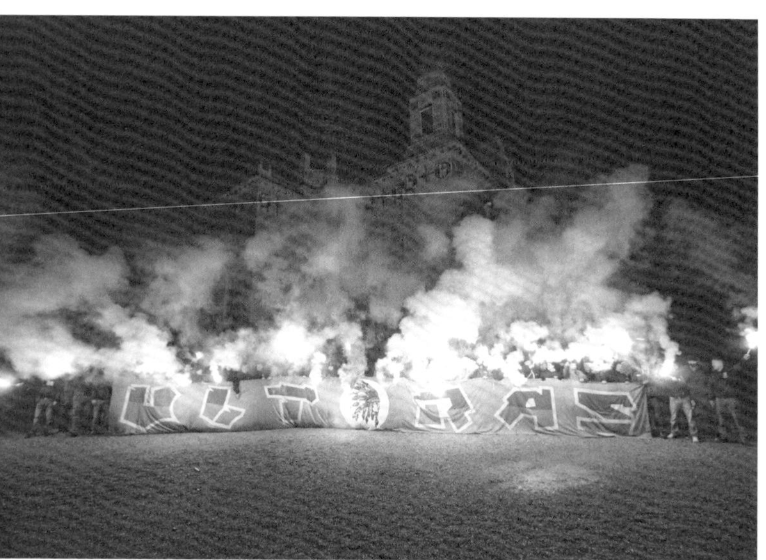

UR-Jubiläumsfackeln vor der Kirche am Steinhof.

Derby III: Von den Schwierigkeiten, einen Eckball zu schießen

Hurra, der Fußball hatte uns wieder! Wie im vergangenen Jahr starteten wir mit dem Derby in die Frühjahrssaison. Damals hatten die Aufholambitionen mit einem 1:1 in letzter Minute gleich einen herben Dämpfer erlitten.

Dass Derby war, erkannte man gleich bei der Ankunft in Hütteldorf, weil die Schlangen vor den Eingängen zur West bis auf die Keißlergasse raus reichten und weil wieder jede Menge internationaler Besuch anwesend war. Fans von Ferencvaros und Parma (erstmals mit Fetzen) bei den Tornados, Nürnberg und Panathinaikos bei den Ultras, Kloten bei den Lions und schlussendlich noch Hammarby und Hannover 96 bei der Alten Garde.

Schon nach vier Minuten und dem ersten Corner der Austria vor der West war klar: Entweder wird das heute mit der einen oder anderen Spielunterbrechung ein sehr langes Derby – oder ein sehr kurzes, wegen Spielabbruchs.

Wie schon im Sommer hagelte es ein paar Wurfgeschosse auf Austria-Kapitän Holzhauser. Der wurde auch wieder getroffen und ging k.-o. zu Boden. Bei Rapid hatte man nämlich augenscheinlich vergessen, die großen, gelben Schutzschirme der Ottakringer Brauerei für den Notfall bereitzustellen. Und den „Drei-Stufen-Plan" der Bundesliga (siehe Derby im Sommer) hatten ein paar Rapidler auf den Rängen wohl auch kurzzeitig verdrängt. Beim dritten Eckball zwanzig Minuten später halfen dann aber auch die inzwischen bereitgelegten Schirme nichts mehr. Schiri Eisner schickte beide Mannschaften kurzzeitig in die Kabine. Eskalationsstufe zwei war somit erreicht. Andy Marek schritt zur Tat.

Nach Wiederanpfiff war Rapid kurzzeitig völlig von der Rolle und konnte mit Müh und Not die 13-minütige(!) Nachspielzeit überstehen.

Halbzeit zwei war dann besser, trotzdem ging die Austria in Führung. Der Ausgleich gelang zum Glück postwendend und Rapid war kurzzeitig am Drücker, vergab aber mindestens zwei Matchbälle. Somit wieder nix.

Besseres Timing bewiesen kurz vor Ende zwei Flitzer, die mit ihrer überflüssigen Aktion wenigstens einen Konter der Austria zunichtemachten und bei ihrem Abgang Dejan Ljubicic umarmten, unseren Torschützen zum 1:1. Der hatte gerade erst in der Winterpause für ein paar Schlagzeilen gesorgt, als er – seines Zeichens bekennender Christ – „auf der Suche nach einer Bäckerei" eine Moschee in der Heimat seiner Vorfahren mit Glasflaschen bewarf. Eine „b'soffene G'schicht", wie er später feststellte.

Letzten Endes hatte Rapid wohl einiges Glück an jenem Sonntagnachmittag. Schiri Eisner nach dem Spiel: „Hätte Holzhauser mir gesagt, dass er nicht weiterspielen kann, hätte ich das Spiel abgebrochen. Bei den Zuschauern, die am Schluss auf den Rasen gelaufen sind, war keine Gefahr da, deshalb musste nicht abgebrochen werden."

Nach diesen ersten 90 Minuten im Frühjahr offenbarte Rapid so einige Baustellen …

11. Februar 2018, 22. Runde Meisterschaft,
Admira Wacker – SK RAPID, 2:1

18.00 Uhr – Scheiß-ORF!

Auswärts in der Südstadt muss nicht immer fad sein, wie die folgende Geschichte beweist.

Am 17. März 2004 spielten wir an einem Mittwochabend um 18.00 Uhr in der Südstadt. Frühabends deswegen, weil der ORF live übertrug und im Anschluss Champions League war, die ebenfalls übertragen wurde. Aus diesem Grund machten wir wieder einmal ein Scheiss ORF-Spruchband, das dieses Mal aber ungeahnte Reaktionen nach sich zog. Das Entfernen des Spruchbandes durch die Ordner scheiterte natürlich, die Polizei sah sich nicht zuständig, woraufhin der ORF das Match zunächst gar nicht und später nur mit Abstrichen übertrug.

Das „Krisenmanagement" im ORF-Zentrum am Wiener Küniglberg versagte vollkommen. Der ORF-Kommentator vor Ort sprach sogar von Terror, dem der staatliche Rundfunk ausgesetzt gewesen sei. Eine sehr unglückliche Wortwahl angesichts der Tatsache, dass wenige Wochen zuvor ein Terroranschlag in Madrid verübt worden war, der Dutzende Tote gefordert hatte. Das Medienecho danach war ein Wahnsinn, so ziemlich jedes Printmedium sprang auf den Zug auf, um dem ORF eins auszuwischen. Auch der SK Rapid zeigte sich mit unserem Anliegen solidarisch. „Tatsache ist, dass Fußballanhänger öffentlich zur Kenntnis bringen wollten, dass sie als arbeitende Bürger durch die Termingestaltung des ORF nicht in der Lage sind, ein Bundesligaspiel ihrer Lieblingsmannschaft live im Stadion zu beobachten, ohne dafür zusätzliche Kosten in Form von Urlaub und Zeitausgleich aufbringen zu müssen", hieß es in einem offenen Brief der Klubführung.

ORF-Fußballchef Hans Huber war trotz allem überzeugt, mit der eingeschränkten Übertragung richtig gehandelt zu haben: „Der ORF zahlt viel Geld dafür. Und dafür soll er 90 Minuten lang zeigen, wie er beschimpft wird?"

Besagter Sender war zunächst sehr beleidigt und kündigte an, keine Rapid-Spiele mehr übertragen zu wollen. Nach einem Krisengespräch zwischen ORF und Rapid wurde diese lächerliche Ankündigung aber zurückgenommen.

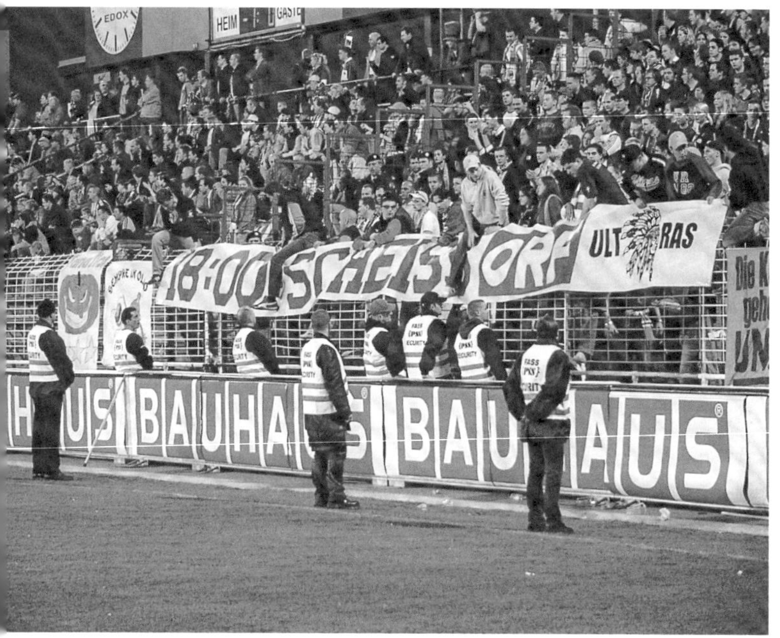

Wir machten schon einige Spruchbänder gegen den ORF, aber keines erregte so viel Aufsehen wie dieses.

Auch viele andere Kurven des Landes wurden in den folgenden Tagen spruchbandtechnisch gegen den ORF aktiv. Beim darauffolgenden Heimspiel gegen Austria Salzburg gab es eine vorher abgestimmte Spruchbandaktion mit den Violetten hinsichtlich Anstoßzeiten.

Bei der nächsten Vergabe der TV-Rechte wenige Monate später ging der ORF dann leer aus. Die Rechte gingen an ATV+ und Premiere. Die Anstoßzeiten besserten sich dadurch nur kurzzeitig. Bei der nächsten Vergabe der Übertragungsrechte stach der staatliche Rundfunk seine privaten Kontrahenten aber wieder aus, was zur Folge hatte, dass es aufgrund der Champions League Übertragungen nach wie vor die 18.00 Uhr Termine gab.

…

Die Tage nach dem x-ten Derbyskandal vom vergangenen Spieltag verliefen wie erwartet. Die Medien hyperventilierten, Rapid wiederum kündigte an, dieses Mal wirklich hart durchzugreifen und bei etwaigen Strafen erstmals Regress von den Übeltätern fordern zu wollen. Ob das rechtlich überhaupt möglich ist? Dazu gab es in Österreich noch keinen Präzedenzfall.

Vor allem die beiden Volltrottel, die, als Flitzer getarnt, aufs Feld liefen, sorgten dafür, dass die ganze Geschichte zu einer Schmierenkomödie zu verkommen drohte. Das entsprechende Polizeiprotokoll schaffte es auf wundersame Art und Weise in den Boulevard. Von einem angeblichen Verwandtschaftsverhältnis zu Ljubicic wurde da ebenso gemunkelt wie von einem vertrauten Plausch mit Trainer Djuricin während der Einvernahme. Selbst von Wettbetrug war plötzlich die Rede …

Bemerkenswert fand ich die Stellungnahme von Rapid in diesem Zusammenhang: „Auch Trainer Goran Djuricin ist mit den beiden Flitzern trotz anders lautender Gerüchte weder bekannt und schon gar nicht verwandt!"

…

Zum Glück wurde irgendwann auch wieder Fußball gespielt, wobei das im Zusammenhang mit Rapid kein Vergnügen war. Rein sportlich gesehen konnte man vielleicht sogar froh sein, dass eine Woche hindurch alles andere mehr im Mittelpunkt stand. Eine ersatzgeschwächte Rapid-Mannschaft geriet gegen die junge der Admira mit 0:1 in Rückstand, schaffte den vielumjubelten Ausgleich, um in der Nachspielzeit dann doch noch per Eigentor 1:2 zu verlieren. Ein typisches Rapid-Gastspiel in der Südstadt also. Am Tag danach sprach die Bundesliga das erwartet hohe Strafurteil für die Vorkommnisse beim Derby vom vergangenen Sonntag: 100.000 Euro Strafe, ein Spiel unbedingt bei geschlossenen Hintertortribünen und ein weiteres Spiel auf Bewährung. Die Liga verhängte also eine Kollektivstrafe und hinkte damit ihrem deutschen Pendant hinterher. Nicht dass die Herren der DFL so leiwand wären, aber zumindest haben die dort begriffen, dass sie mit ihren Sanktionen auf dem Holzweg sind. Es wird wohl wie immer ein bisschen dauern, bis man auch in Österreich davon abkommen wird.

17. Februar 2018, 23. Runde Meisterschaft,
SK RAPID – Sturm Graz, 1:1

Treffen sich zwei Verlierer …

Die Grazer waren wieder in großer Anzahl zu Gast in Hütteldorf. Auch in Wien haben die Blackies traditionell eine große Community. Bis vor ein paar Jahren hatte die Grazer Sturmflut (GSF) sogar eine eigene Sektion in der Hauptstadt. Dazu gibt es eine mehr oder weniger lustige Geschichte (wenn auch auf unsere Kosten), die sich Ende des letzten Jahrhunderts ereignete.

…

Wie wir fast den GSF Sezione Vienna-Fetzen gemacht hätten
(aus: Vorspiel, #8,1999, Fanzine der Grazer Sturmflut)

„So nebenbei gefragt, wer kennt schon nicht die Aral-Werbung mit dem Song ‚I'm walking'? Das Lied hat was Wahres an sich, denn ohne Sprit ist die Autobahn ein ganz besonderes Erlebnis. Nachdem ich natürlich bei der Tankstelle vorbei raste, kam dann plötzlich das große Rechnen, wie weit ich mit dem quasi leeren Tank kommen würde. Sämtliche Gedankenexperimente wurden von der Realität verblasen, denn stolze zwei Kilometer fehlten uns schließlich. Zum Glück konnten wir zu einem Parkplatz rollen, dort diskutierten wir, was wir als Nächstes unternehmen sollten. Aber wie eine Fügung des Ultrà Himmels kam ein Auto vorbei. Für uns war klar, dass wir da mitfahren wollten. Die Insassen entpuppten sich jedoch als uns unbekannte Mitglieder der Ultras Rapid, deshalb hielten wir unsere ‚Konfession' geheim, und so chauffierten die UR Teile der GSF Sezione Vienna zur nächsten Tankstelle. Nur nebenbei: Unser in Wien so beliebtes Sezione-Transparent war natürlich ebenfalls an Bord! Danke auf jeden Fall den zwei Unwissenden für die Hilfe. Nach zwei km Rückmarsch und einer unumgänglichen Diskussion mit der Gendarmerie kamen wir zu meinem Auto zurück, das ziemlich durstig auf uns wartete. Ach ja, als wir dann bei der Tankstelle volltankten, sichteten wir noch weitere 15 nichts ahnende UR, somit war auch die zweite Chance des Transparent-Diebstahls verspielt. Und die Moral von der Geschichte: Das Transparent, das kriegt ihr nicht!"

Da haben die Burschen leider recht behalten.

…

Dass die Grazer am Ende nicht Meister werden würden, davon war eigentlich fast auszugehen, trotzdem hatten sie wohl nicht damit gerechnet, dass der eine Punkt Vorsprung auf Red Bull, den sie in der Winterpause hatten, nach nur zwei Frühjahrsrunden auf fünf Punkte Rückstand angewachsen sein würde. Das Duell der großen Krisenklubs lockte offiziell immerhin 20.200 Zuschauer in den Eiskasten nach Hütteldorf. In Wahrheit sind aber einige hundert Abonnenten sicher nicht dagewesen.

Sturm war verunsichert und das merkte man, spielte aber trotzdem besser und für mein Dafürhalten auch aggressiver als Rapid. Die Grazer hatten bisher im neuen Jahr 2018 noch kein Tor und keinen Punkt geschafft und es war klar, dass das gegen uns nicht so bleiben würde. So verschissen schien die Situation beim SCR zu sein.

Immer waren die Schwoazen einen Schritt voraus. Rapid spielte den ewig gleichen Stiefel und geriet nach einem groben Schnitzer 0:1 in Rückstand. More of the same auch in der zweiten Halbzeit. Am Ende schaute dann doch noch ein 1:1 raus, das für die Grazer sicher als Erfolg zu werten war. Rapid rutschte am Ende des Spieltags auf Tabellenplatz 4 ab. Es taten sich langsam Parallelen zum letzten Frühjahr auf. Da gab es den ersten Sieg in einem Testspiel auf der Hohen Warte Ende März! Neben den weiterhin bösen Medien und der verweichlichten Gesellschaft bekam auch die Vereinsführung wieder mal ein Spruchband unter die Nase gerieben:

Anstatt vor den Medien und der Gesellschaft zu kapitulieren, sollte ihr das Ende des sportlichen Stillstands forcieren! (UR)

24. Februar 2018, 24. Runde Meisterschaft, SK RAPID – LASK, 2:0

„Ein dreckiger Sieg"

Stolze neun Punkte aus drei Spielen holten die Paschinger, äh … Linzer, 2018. Damit war man mit Rapid punktgleich gezogen und durfte vom Europacup träumen. Rapid-Trainer Djuricin forderte vor dem Spiel einen „dreckigen Sieg" und wurde endlich erhört. Gegen unerwartet schwache Linzer funktionierte die Offensive nach Langem wieder und der SCR gewann ungefährdet 2:0 in der Gefriertruhe Weststadion vor nicht ganz 15.000 Frostresistenten.

Vor dem Spiel machte die West ihrem Unmut über die letzten Wochen Luft. Die Ultras schrieben: ES FEHLT RAPIDGEIST UND MENTALITÄT AUF DER TRIBÜNE SITZT EINER, DER WEISS, WIE'S GEHT – STEFFEN IN DIE STARTELF!

Sogar die Burschen vom Xindl gruben nach Jahren ihre alten Schablonen aus und teilten der Welt mit: BLUMEN UND PUNKTE VERSCHENKEN, DIE LETZTE LEGENDE VERSENKEN – GMBH 1 – SCR 0.

Hintergrund war, dass die Spieler am Valentinstag als Rosenkavaliere auf der Mariahilferstraße auftreten mussten. Irgendwer in der Keißlergasse bastelte mit solchen und anderen Aktionen kräftig am neuen Image des SK Rapid.

Der auf den Spruchbändern angesprochene Steffen Hofmann wurde in den letzten Minuten eingewechselt und durfte den Ball zweimal berühren.

Ein wichtiger erster Sieg im Jahr 2018 vor dem noch wichtigeren Cupspiel gegen Ried.

From father to son

Gegen Ried im Cup haben wir bisher immer verloren, egal ob im Innviertel (2008 und 2011) oder in Hütteldorf. Die Partie am Nationalfeiertag 2011 war das erste Match, zu dem ich meinen Sohn Sebastian, damals vier, mitgenommen habe. Es war ziemlich trostlos. Vater, Mutter und Kind saßen am Rande einer sehr spärlich gefüllten West. Die aktive Fanszene streikte damals noch aufgrund der Vorfälle nach dem Platzsturm im Derby vom Mai 2011 und Rapids verlor in der Verlängerung 1:2. Zu dem Zeitpunkt war Sebastian aber schon zu Hause. Irgendwann während der zweiten Halbzeit kam die Frage, die eigentlich mehr eine Ansage war: „Mama, gemma?"

Seitdem haben er und sein jüngerer Bruder Felix, mittlerweile sieben, einige Dutzend Spiele gesehen. Die Burschen fühlen sich im Großen und Ganzen wohl im Stadion. Meistens gehen sie mit der Mama in den Familienblock, der Block West ist ihnen noch zu laut und die große Menschenmenge nicht ganz geheuer. Darüber sind wir eigentlich ganz froh. Wie in jedem Stadion gibt es auch bei Rapid den ein oder anderen Stadionbesucher, der den Ausreißer nach unten darstellt und sogar bei Kindern schon fürs Fremdschämen sorgt.

Die Choreos sieht man vom Sektor 2 ohnehin besser und Fackeln und Rauch kann man mit etwas Abstand auch besser genießen. Einzig die RapidMari€, also die Prepaidkarte, stört mich und ist eine reine Abzocke. Ich weiß noch, wie wir in Paris 2001 so etwas das erste Mal gesehen haben und uns dachten, sowas wird es bei Rapids zum Glück nie geben. Ja, leider falsch gedacht, aber ganz ohne Popcorn und Cola ist es für die Kinder noch schwer, 90 Minuten durchzuhalten.

Mit dem neuen Stadion ist auch Rapid endgültig im sogenannten modernen Fußball angekommen. Arbeiter-Fußballclub lässt sich natürlich gut vermarkten, wie das auch in Deutschland einige Klubs mit ähnlichem Background tun. Problematisch wird es, wenn die beiden Welten zu weit auseinanderliegen, und das passiert zwangsläufig. Das teuerste Bier und die teuersten Tages-Stehplatzkarten zu verkaufen passt nicht zum Vereinsimage. Bei Rapid kommt dann noch Erfolglosigkeit dazu.

Natürlich besteht eine gewisse Präferenz meiner Buam zum SCR, aber ansonsten sind sie noch auf der Suche nach dem einen Lieblingsverein. Bayern, Real, Barcelona, Juventus, Borussia Dortmund oder Manchester Utd., es wechselt immer wieder. Da geht es nicht nur uns so, bei allen Fußballturnieren laufen die Burschen und Mädels in vielen bunten Dressen herum. Grün-weiß oder gar violett sind die wenigsten. Die Identifikation scheint mit diesen großen und vor allem erfolgreichen Vereinen einfach leichter möglich als mit einer erfolglosen Rapid, deren einzige Leitfigur zumeist auch noch nur auf der Tribüne saß. Vielleicht bin aber auch ich schuld daran und die Buam sind schlichtweg falsch und zu sehr im laissez-fair-Stil erzogen. Vielleicht ist es aber auch ein erster Anflug von Rebellion gegen die Eltern oder zumindest den Vater, wenn man sich nichts sehnlicher als ein Juventus-Dress wünscht. Ich bin mir einstweilen noch unschlüssig.

Ganz sicher bin ich mir allerdings, ein gefundenes Fressen für die großen Sportartikelhersteller dieser Welt zu sein – klar, schließlich wollen die Kinder nur in Nike oder Adidas herumlaufen.

Um ihnen die Qual der Vereins-Wahl zu erleichtern, schauen wir uns gelegentlich Spiele vor allem in Italien an, wohin es auch mich immer wieder zieht. Den bleibendsten Eindruck dort hinterlassen allerdings jedes Mal die martialisch ausgerüsteten Polizisten in ihren gepanzerten Autos, die zig Verkaufsstände, der unverwechselbare Geruch von „wurstel con crauti“, die lauten La Bomba-Kracher im Stadion und das beleuchtete San Siro bei Nacht. Außerdem fällt es mir dort leichter, den Buam zu erklären, was denn gerade gesungen wird, weil ich es besser umschreiben kann. Bei uns ist das nicht immer so leicht möglich. Irgendwann haben wir uns einfach darauf geeinigt, dass gewisse Dinge im Stadion so sind, wie sie sind, und man das nicht näher hinterfragen sollte, schon gar nicht als Elfjähriger.

Wir sind also noch auf der Suche, aber ehrlich jetzt: So lange es keine Austrianer werden, soll mir alles recht sein.

Wie kam ich, geboren in Südtirol, eigentlich zu Rapid? Nun, das liegt an der fabulösen Mannschaft rund um Trainer Dokupil, die 1995 den bislang letzten Cup und ein Jahr später den 30. Meistertitel holte. Konsel, Schöttel und Kühbauer hatten auch bei mir zu Hause Fans. Das erste Spiel erlebte ich dann natürlich am alten Tivoli in Innsbruck. Es muss 1994 oder 1995 gewesen sein. Zeitgleich wuchs das Interesse an dem, was sich abseits des Rasens abspielte. Nach der Matura 1998 war es dann klar, ich übersiedelte nach Wien, weniger der Uni als vielmehr Rapid wegen.

Anderes Thema. Die österreichische Ultras-Szene ist ja irgendwie ein Dorf und gerade in den 1990er Jahren, als sich vielerorts eine Szene bildete, kannte jeder jeden.

Die UR pflegten in den Neunzigern eine Freundschaft zu den Verrückten Köpfen aus Innsbruck, die erlebnisorientierte Fraktion zum GAK nach Graz. Weniger bekannt sind wahrscheinlich die seinerzeitigen Kontakte des Block West nach Ried.

In den Jahren 1994–1996 hing auswärts und ab und zu auch im Block West ein Fetzen mit der Aufschrift SV Ried – SK Rapids – Simply The Best! Die ganze Geschichte geht auf zwei oder drei Rieder zurück, die einen Gegenpart zu einem damals aktiven Austria-Salzburg-Fanklub bilden wollten. Unter ihnen auch Mandy, der später bei den Supras war, die Jahre zuvor aber oft mit dem Rapid Fanklub Schärding unterwegs gewesen war. Als die Supras 1996 gegründet wurden, verschwand der Fetzen. Doch 1998, als die Rieder in Hütteldorf zum ersten Mal den Cup gegen Sturm holten, waren trotzdem wieder einige UR auf der West, die damals den Sektor der Rieder beherbergte. Bei unseren damaligen Gastspielen im alten Rieder Stadion kam es sogar manchmal vor, dass man den Abend nach dem Spiel noch gemeinsam in irgendeiner Bauerndisco ausklingen ließ. Auch diese Geschichte hörte sich dann aber irgendwann wieder auf.

…

Heute waren im Vorfeld nur 7.000 Karten verkauft worden. So wenige Zuschauer waren noch nie im neuen Weststadion, das ohne Übertreibung einem Kühlhaus glich. Gemma, gemma koit is net! hatten wir im Februar 2009 in Salzburg aufgehängt, aber gefühlsmäßig war es damals nur halb so kalt wie heute gegen die Rieder. Wurscht – so ein Cupspiel soll keine Wohlfühloase sein. Auch bei den anderen drei Cup-Partien an diesem Mittwoch purzelten die negativen Zuschauerrekorde – kein Wunder bei –9 Grad.

Wie gesagt, sind wir im Cup noch nie gegen die Rieder weitergekommen. Aber zumindest in den vierzig Meisterschaftsheimspielen sind wir bisher gegen sie ungeschlagen geblieben. 32 Siegen und acht Unentschieden stehen null Niederlagen gegenüber. Ein wenig Hoffnung gab es also doch.

Und trotzdem kam Rapid wieder gar nicht ins Spiel. Die Wikinger waren besser und, bei diesen Temperaturen ganz wichtig, aggressiver. In der 45. Minute gingen sie per Elfmeter mit 1:0 in Führung. Nach dem Seitenwechsel wurde es noch schlimmer. Die Gäste ließen zwei, drei Riesenchancen aus und hielten den SCR so dankenswerterweise noch im Spiel. Die Entscheidung fiel dann in der Rapid-Viertelstunde. Zuerst erhielten wir einen vielleicht diskussionswürdigen Elfer und kurz darauf gelang sogar das 2:1. Bis heute wissen die Innviertler wohl nicht, wie sie dieses Spiel noch verlieren konnten. Sei's drum, für Rapid ging es weiter on the road to Klagenfurt.

Mattersburg, Sturm und Red Bull waren ebenfalls im Halbfinale.

Once upon a time – Ostersonntag 2008

Heutzutage kaum vorstellbar, aber Rapid hat vor nicht allzu langer Zeit Red Bull mit 7:0 aus dem eigenen Stadion geschossen. Zur Pause stand es schon 5:0. Unglaubliche Szenen spielten sich im Sektor und später auf der Heimfahrt ab. Die Erfüllung der sogenannten Mission 32 schien in greifbarer Nähe, und so ging es weiter. Eine Euphoriewelle, wie sie nur Rapid erzeugen kann, ergriff die ganze Stadt und das ganze Land. Da dieser historische Sieg einfach zu geil war, hier nochmals der Bericht darüber aus dem Block West Echo neu (#2, Sommer 2008):

„Ein Dialog aus dem Doppeldeckerbus der ‚Ultras Rapid' auf dem Weg zum zur Legende gewordenen Spiel. ‚Wie glaubst geht es aus?' ‚3:1 für uns!' ‚Geh schleich Dich, wie willst dieser Abwehr drei Tore machen …' So in etwa konnte die allgemeine Erwartungshaltung am besten beschrieben werden. Zwar waren wir nach dem fantastischen Derbysieg alle optimistisch, allerdings konnte man sich einfach nicht vorstellen, dass Rapid tatsächlich 3 Punkte aus Wals-Siezenheim entführen können würde. Es glaubte trotzdem jeder daran. (…)

So machte sich ein mächtiger Buskonvoi auf den Weg Richtung Westen, die gesamte A1 wirkte an diesem Tag wie eine einzige grün-weiße Partymeile. Überall Rapidler. Schließlich waren es ca. 1.800 im restlos ausverkauften Auswärtsflügel und nach vorsichtigen Schätzungen wohl ungefähr 2.300 im gesamten Stadion. Zahlreiche Grüne postierten sich neben dem Eck, das für die Gästefans erweitert wurde, auf den Längsgeraden ebenfalls mehrere Haufen Rapid.

Trotz aller Widrigkeiten, wie sie die mühsamen Eingangskontrollen beim Kracherlverein nun einmal darstellen, konnte der „Fick Dich, Bastard"-Doppelhalter mit Mateschitz Konterfei nach Innen geschmuggelt werden. Beim Aufwärmen wirkten unsere Jungs außerordentlich entschlossen und wir versuchten alles Mögliche, um ihnen mit lautem Skandieren ihrer Namen und aufmunternden kolossalen Gesängen Mut zu machen.

Zum ersten Mal in der Geschichte des zum Zirkus degradierten Stadions in Wals-Siezenheim wurde der Oberrang geöffnet, damit auch ja alle Lemminge dem ‚Spektakel', das sie erwarteten, beiwohnen konnten. Sie sollten auch eines erleben, eines, das sie bis an ihr Lebensende wohl nicht vergessen werden. Die Jungs in den historischen grün-weißen Leibchen liefen auf und wir präsentierten ein einfaches, prägnantes und aussagekräftiges Spruchband am Zaun: GEMMA JUNGS! inklusive Vereinswappen und vier breiten horizontalen Streifen in den Vereinsfarben. Die Parole gemeinsam mit der Zettelchoreographie war wirklich eine gelungene Ouvertüre für die folgenden 90 Minuten. Die ersten Lieder waren gerade laut zum Besten gegeben worden, als Jimmy Hoffer Rapid nach sieben Minuten in Führung brachte. Riesenjubel! Was für ein Start nach Maß! Atemberaubende Emotion folgte, konnte jedoch nicht einmal gebührend zelebriert werden, da Maierhofer das zweite Tor drei Minuten später nachlegte! Die Leute lagen sich in den Armen, am Zaun, Fackeln wurden gezündet. Ein buntes Farbenmeer im Auswärtssektor. Keine 60 Sekunden später verlieh Korkmaz unseren Träumen Flügel (nachdem sie Red Bull an dem Tag nicht verlieh!) und spätestens jetzt waren wir ein wenig skeptisch. Leute reagierten auf unseren Treffer wie auf ein Gegentor. Verschränkte Arme hinter dem Kopf, sich gegenseitig ansehend. Unsere Nürnberger Brüder schüttelten allesamt den Kopf. Ein komplett weltfremdes Szenario.

Nach zwei weiteren Treffern innerhalb der nächsten 19 Minuten war der Jubel blanker Entrüstung gewichen. Wir waren mit diesem Ergebnis schlichtweg überfordert! Die Anfeuerung war zwar laut, aber diese geballte Portion an Ungläubigkeit gegenüber dem Resultat verhinderte den kollektiven Wahnsinn, der allerdings später noch folgen sollte. In den unteren Reihen des Sektors kommentierte ein Mitglied der Ultras das Geschehene mit: ‚Ich glaube, ich weiß, was jetzt los ist. Bei der Hinfahrt sind wir gestorben und das ist das Paradies.' Eine bessere Erklärung hat zu diesem Zeitpunkt keiner liefern können.

In der zweiten Halbzeit wurden die Helden mit einer fantastischen Schalparade begrüßt, die allerdings noch im Gange war, als wir in der 46. Minute das halbe Dutzend vollmachten. Der Fußballgott war an diesem Tag auf der Seite der Ehrlichkeit! Wir wollten ab dem Moment einfach gar nichts mehr verstehen, wir wollten tanzen, feiern, singen und Rapid huldigen! Es entwickelte sich zu ‚Siege für uns Rapid, die ganze West singt mit!' eine Kette an kleineren Pogos im gesamten Auswärtsblock, der dann nach einigen Minuten zu einem gigantischen angewachsen war. Ungläubig starrten die Marionetten von den anderen Tribünen Richtung Wiener Pöbel, der Rapid und Rapids Macht zelebrierte!

Die so genannten Fans der Heimmannschaft aus der Südkurve beschimpften nur mehr den Trainer und die eigenen Spieler, dies wäre aber auch keinem aufgefallen, hätte man es nicht in der Wiederholung des Spiels im Fernsehen gesehen, weil an diesem Tag gab niemand außer Rapid den Ton an! Am Rasen und in der Kurve! Auf einmal sah man Familien, welche die eigenen Spieler bewarfen, diese hatten Hass in den Augen und beschimpften selbige wild gestikulierend – das ist der Fußball, den Mateschitz sich wünscht. Das ist der Fußball, den wir ewig bekämpfen werden!

Das Spiel wurde mit sensationeller Stimmung zu Ende gebracht, auch wenn mehr drinnen gewesen wäre. Der Nebenblock der eigentlichen Auswärtskurve ging trotz Engagement der Tornados nicht immer 100 %ig mit, aber es sei ihnen an diesem Tag verziehen.

Nachdem Hofmann das 0:7 erzielte und wir komplett außer Rand und Band waren, erfolgte eine riesige Jubelorgie nach Schlusspfiff. Die Mannschaft wurde gefeiert, als hätte sie den Titel bereits gewonnen. Die Rückfahrt eskalierte zur hemmungslosen Party. Wir bedanken uns hierbei auch bei einem ehemaligen Spieler des SK Rapid (Sebastian Martinez), der an diesem Tag mit uns den Weg nach Salzburg antrat und im Sektor 90 Minuten lang für seinen Verein sang, obwohl er ja jetzt nicht mehr bei uns die Fußballschuhe schnürt. Rapid, wir werden diesen Tag nie vergessen! Das war Rapid. Viele kannten es zwar teilweise nur mehr aus Erzählungen, aber das war Rapid. Das war der Rapid Geist, das war Schöneckers Erbe."

Die Wochen nach dem Spiel gab es das Gerücht, es wäre bei der Partie nicht mit rechten Dingen zugegangen. Irgendwo in Asien sei eine horrende Summe auf ein 0:7 gewettet worden … Ja, das Ergebnis war wirklich unglaublich und so etwas passiert nur einmal in hundert Jahren, aber es ist passiert, Rapid war der Sieger und wir waren Zeuge.

…

Die Anreise nach Salzburg-Klessheim erfolgte heute das erste Mal seit 2003 mit einem Sonderzug, der von den UR auf die Beine gestellt wurde. 400 Mädels und Burschen reisten per Block-West-Bahn an.

Seit zehn Bewerbsspielen war Rapid gegen Red Bull nunmehr schon sieglos geblieben, auch wenn die meisten Spiele ziemlich knapp ausgingen. Auch dieses elfte sieglose Spiel gegen den Meister verlief so: Zunächst wieder einmal ein Stangentreffer der Grünen, dann viel Leerlauf auf beiden Seiten. Irgendwie hatte man das Gefühl, die Salzburger machten nur das Nötigste und waren in Gedanken vielleicht schon beim anstehenden Europacupspiel in Dortmund. Als Djuricin dann auch noch Kvilitaia vom Feld nahm und plötzlich geflankt wurde, war klar, das wird wieder nichts. So ging's punktelos zurück zur Haltestelle Taxham. Zumindest war die Zugfahrt hin und retour eine sehr leiwande Alternative zu den monotonen Busfahrten nach Salzburg in den letzten Jahren.

…

Not my Bundesregierung – Eine Geschichte über 30 Jahre Bürotechnik in Hütteldorf

Bevor es am folgenden Spieltag nach Altach ging, sorgte einer für Aufregung, von dem man zuvor eigentlich lange nichts mehr gehört hatte. Der frühere Landespolizei-Vizepräsident von Wien und nunmehrige ÖVP-Polizeisprecher im Parlament Karl Mahrer. „Die Stadien müssen familienfreundlich werden. Teilweise gibt es hier Verhältnisse wie im rechtsfreien Raum. Fußball ist ein Familiensport und da müssen 500 bis 700 Polizisten pro Derby eingesetzt werden", klagte Mahrer via Kurier. Dieser wusste weiter zu berichten: „Bei einem Gespräch zwischen Mahrer und Goldgruber (Generalsekretär im Innenministerium) wurde kürzlich beschlossen, die Ausnahmen stark einzuschränken. ‚Diese gibt es nur mehr für besondere Anlässe. Ein Fußballspiel ist nichts Besonderes', sagt Christoph Pölzl, Sprecher von Innenminister Herbert Kickl (FPÖ). Ausnahmen gebe es künftig nur mehr für ‚ein Finale der Champions League oder für eine Weltmeisterschaft'."

Zündeln also nur im Europacupfinale oder bei einer Weltmeisterschaft? Naja, selbst den hohen Herren muss klar sein, dass das in Österreich in absehbarer Zeit eher unwahrscheinlich sein wird. Gehen jetzt in Österreich also bald die Fackeln aus?

Ein Blick zurück. Den Anfang der Pyrotechnik machte, wie bereits beschrieben, ein Rauchtopf in der Gruabn. Einige Jahre später in den Neunzigern wurde das Zünden von Fackeln und Rauchtöpfen immer mehr zum fixen Bestandteil der Fankultur bei Rapid. Nach Absprache mit den Behörden (Polizei und Stadionverwaltung) wurden die Pyrotechnika meist an der Seitenlinie gezündet. Das galt teilweise auch für Auswärtsspiele. Irgendwann wurde das uncool und ab Beginn des neuen Jahrtausends wurde im Sektor gezündet, Ultras zurück auf den Rängen also. Das nunmehr illegale Zünden war mit dem Risiko einer Verwaltungsstrafe verbunden oder man wurde einfach aus dem Stadion geschmissen. Letzteres ist mir bei einem Derby 2000 oder 2001 in Favoriten passiert. Alles lief human ab. Selbst wenn die eine oder andere Fackel am Spielfeld landete, störte das niemanden. Mit der Zeit wurden die Strafen härter, erste Stadionverbote drohten.

Anfang 2010 ging es richtig los. Unter der damaligen Innenministerin Maria „Mitzi" Fekter (ÖVP) trat das überarbeitete und verschärfte Pyrotechnikgesetz in Kraft. Neben einer Strafverfügung vom Magistrat oder der jeweiligen Bezirkshauptmannschaft (meist waren es rund 70,– Euro) gab es noch die in der Regel deutlich höhere Strafverfügung seitens der Polizei. Der Text dazu lautete immer: „Sie haben pyrotechnische Gegenstände der Kategorie P1 – Bengalische Feuer – im sachlichen, örtlichen und zeitlichen Zusammenhang mit einer Sportveranstaltung besessen, obwohl der Besitz derartiger Gegenstände bei Sportveranstaltungen gem. § 40 Abs. 1 Zi. 3 i.V.m. § 39/2 PyrotechnikG 2010 verboten ist."

www.rechtshilfe-rapid.at fasst am 19. März 2018 unter der Überschrift: „Pyro im Stadion: Das Innenministerium setzt auf Kriminalisierung" zusammen: „Ein Strafrahmen von 436 bis 4.360 Euro war seitdem pro Fackel Realität. Selbst das Mitführen pyrotechnischer Gegenstände in der Sicherheitszone war seitdem strafbar. Ein gutes Beispiel für den Wahnsinn, der durch dieses Gesetz entstand, lieferte das Abschiedsspiel des SK Rapid im alten Gerhard-Hanappi-Stadion. Strafen von 800 – 1.200 Euro für eine Fackel waren schon zuvor gelebte Realität. Bei diesem hochemotionalen Spiel (wohlgemerkt kein Pflichtspiel) wurden aber die ‚Vergehen' einzeln nach Minuten herausgerechnet und die Strafen addiert. Das machte dann bei vier Fackeln für eine Person satte 4.500 Euro (ein dreifaches Monatseinkommen im konkreten Fall)!"

Die Fanszenen des Landes organisierten sich und gründeten die Kampagne „Pyrotechnik ist kein Verbrechen". Daneben gab es szenenübergreifende Treffen, einen Aktionstag im ganzen Land, mehr oder weniger sinnvolle Spruchbänder (der Innenministerin hielten wir sinnbildlich die Augen zu und zeigten das Spruchband MITZI SCHAUT KURZ WEG!, während es ringsum lichterloh brannte) und ein konstruktives Treffen mit dem damaligen Bundesligavorstand Pangl. Vertreter der Initiative sprangen sogar weiter über ihren Schatten und trafen sich zu einem Interview mit Journalisten (!) und WEGA-Chef Albrecht (!!).

Auf der Website www.pyrotechnikistkeinverbrechen.at, die immer noch online ist, steht zu lesen:

„Wir sprechen uns jedoch klar dafür aus:

- keine Böller oder Kracher zu verwenden
- durch verantwortungsvollen Umgang mit Pyrotechnik keine Spielunterbrechungen zu provozieren bzw. keine Gefahr für andere Stadionbesucher, Ordner oder Ballkinder darzustellen
- durch Bereitstellen von mit Wasser bzw. Sand gefüllten Behältnissen ein sicheres Abbrennen innerhalb der Fansektoren zu gewährleisten und dadurch auch für eine geregelte Entsorgung der abgebrannten heißen Gegenstände zu sorgen
- keine Fackeln oder sonstige pyrotechnische Gegenstände auf Laufbahn oder Spielfeld zu werfen.

Wir fordern alle Verantwortlichen dazu auf, einen kontrollierten und verantwortungsbewussten Gebrauch von Pyrotechnik zuzulassen und in einem den Gegebenheiten entsprechenden, für alle Beteiligten annehmbaren und angemessenen Rahmen zu erlauben."

Nach einer Testphase durfte legal in einem markierten Bereich gezündet werden, ganz vorne am Zaun. Es wurden damals jene Ausnahmeregelungen geschaffen, die die neue Regierung, allen voran der oben zitierte Herr Mahrer, im März 2018 wieder abschaffen wollte.

Nach einem Jahr scheiterte die ganze Geschichte dann aber wieder, zumindest bei Rapid. Es wurden trotz Genehmigung Strafen wegen fadenscheiniger Gründe ausgesprochen und auch in den Gruppen gab es plötzlich vereinzelt Widerstand gegen das legale Zünden. Illegal Zünden mit Sturmmaske am Zaun nach einem Tor hat natürlich mehr Sex als brav in Reih und Glied neben einem Feuerlöscher zu stehen. Die Emotion als Grundlage allen Ultradaseins ging dabei verloren. Der Platzsturm 2011 und das, was folgte, hat vielleicht auch dazu beigetragen.

Beide Seiten pfiffen also auf die Ausnahmeregelung.

Mit dem Umzug ins neue Weststadion (Sommer 2016) gab es dann einen neuen Anlauf, an dem natürlich auch Rapid interessiert war, um in Zukunft keine oder zumindest weniger Strafen für Pyrovergehen der Fans zahlen zu müssen. Es wurde auch weiterhin illegal in der fünften oder sechsten Reihe gezündet, aber das legale Zünden ganz unten an der Brüstung funktionierte problemlos.

Mit einer Konsequenz, die man beim Nichtraucherschutz zum Beispiel vermissen ließ, gingen ÖVP und FPÖ also gegen das Zünden im Block vor. Dabei sollte es den gewählten Volksvertretern doch klar sein, dass das Zünden nicht einfach aufhören wird! Es wird, wie in den letzten dreißig Jahren auch, weiter brennen, nur sicherer wird's durch dieses undurchdachte komplette Verbot bestimmt nicht. In all diesen Jahren erhellten tausende Fackeln den Rapidsektor. Nie ist irgendwas passiert – bleibt zu hoffen, dass sich daran nichts ändert.

In den folgenden Tagen sprachen sich auch Vereinsvertreter von Rapid, der Austria und Sturm gegen das angedachten Verbot aus. Sogar der vielgescholtene Christian Ebenbauer von der Bundesliga war dafür, dass das Verwenden von Pyrotechnik weiterhin legal möglich sein sollte.

10. März 2018, 26. Runde Meisterschaft, Altach – SK RAPID, 0:0

Nettozahler

Wie einige Länder der EU ist auch der SK Rapid Nettozahler, und zwar wenn es darum geht, in den sogenannten Sicherheitstopf der Bundesliga einzuzahlen. „Die vom Senat 1 gegen die Klubs verhängten Geldstrafen wegen Verstößen gegen die Sicherheitsrichtlinien fließen in den Sicherheitstopf. Über Antrag der Klubs gibt der Senat 3 Empfehlungen über die Vergabe der Mittel, die von den Klubs ausschließlich für Sicherheitsmaßnahmen verwendet werden dürfen, an den Vorstand der Bundesliga. Die Einnahmen aus den Strafen sind also zweckgebunden und werden demnach wieder an die Klubs ausgeschüttet", erklärte Go West!, Kurvenflyer der Ultras Rapid (#2, Februar 2018). Soviel kann Rapid gar nicht in die Sicherheit oder Infrastruktur investieren, dass das ganze über all die Jahre eingezahlte Geld wieder zurück nach Hütteldorf käme. Es gibt auf der anderen Seite Vereine wie Altach, die davon profitieren. Die Vorarlberger bauten gerade ihre Arena im Schnabelholz um und investierten dabei sicher gewissenhaft in Überwachungskameras. Das Geld dafür holten sie sich aus dem Sicherheitstopf. Das Paradoxe daran ist: Der SK Rapid zahlt eifrig Strafen, mit denen kleinere Vereine ihr Überwachungssystem bezahlen können, mit dem dann wieder Rapidfans, die Fackeln zünden, ausgeforscht und bestraft werden. So schließt sich der Kreis. Überwachungskamera powered by SCR.

…

Dachte man nach den Siegen gegen den LASK und Ried, das Gröbste sei überstanden, so ging die Formkurve auch in Altach, wo wir uns traditionell immer schwertun, weiter nach unten. Die Stürmer vergaben ihre paar Chancen stümperhaft. O-Ton des Trainers nach dem Spiel: „Wir haben gute Stürmer, die halt das Tor nicht treffen." Das 0:0 war eine gefühlte Niederlage, sechs Punkte aus sechs Spielen viel zu wenig. Schwer zu glauben, dass das unter Trainer Djuricin noch was werden würde …

17. März 2018, 27. Runde Meisterschaft,
SK RAPID – Wolfsberger AC, 5:1

Rauchen und Rauchen lassen

Thema beim Spiel gegen die seit Wochen erfolglosen Kärntner war natürlich das neue Pyrotechnikgesetz. Wie nicht anders zu erwarten, meldete sich die aktive Szene per Kurvenflyer zu Wort: „Vor fast einem Jahr gingen wir beim Thema Pyrotechnik einen Kompromiss ein. Bengalische Fackeln werden von uns seitdem bei Heimspielen des SK Rapid nur mehr in gekennzeichneten Pyrozonen abgebrannt. Das Ganze passiert unter strengen Auflagen und ist Dank langwieriger gemeinsamer Anstrengungen vieler Beteiligter legal möglich. Nun soll diese Ausnahmegenehmigung nicht länger möglich bleiben.

Mit diesem Kompromiss beschränken wir uns als Fanszene in gewisser Weise selbst, denn durch die restriktiven Vorgaben fühlt sich das Abbrennen von Fackeln oftmals inszeniert an. Emotionalität und Spontanität gehen dadurch verloren. Aus diesem Grund ist selbst die derzeitige Lösung aus unserer Sicht nicht perfekt; sie hat sich jedoch als praktikabel herausgestellt. Dem SK Rapid blieben dadurch in dieser Saison Verbandsstrafen in sechsstelliger Höhe erspart und für Fans bietet sich so die Möglichkeit, ihr Team stress- und straffrei mit Fackeln anzufeuern …

Richtig heuchlerisch wird es allerdings, wenn ein Ende der funktionierenden Ausnahmegenehmigungen vom FPÖ-geführten Innenministerium mit ‚akuten toxischen Wirkungen' und ‚krebserregenden Folgen' begründet wird. Wohlgemerkt verteidigen dieselben Parteien derzeit das Rauchen in geschlossenen Räumen – trotz allseits bekannter Gesundheitsschäden – als ‚Teil der Selbstbestimmung'. Eine solche Dreistigkeit würde sich nicht einmal die selbstbewusste und als infam geltende Hütteldorfer Fanszene erlauben. Und wer uns kennt, der weiß, dass wir schon mal lieber auf eine aufsehenerregende Provokation setzen, anstatt jedes unserer Anliegen sachlich zu argumentieren. Es gibt dabei aber einen großen Unterschied: Wir verwenden diese bloß als Stilmittel unserer Fankultur und regieren kein Land (zumindest nicht im wörtlichen Sinn).

Es ist rührend, dass sich das Innenministerium und Polizisten wie ein Herr Mahrer nun um die Gesundheit von Fußballfans sorgen. Ernst nehmen können wir so ein niederträchtiges Gerede über Sicherheit und Gesundheit jedoch nicht. Alt werden wir außerdem sowieso nicht, denn der Ärger über die chronische Erfolglosigkeit Rapids ist sicherlich schädlicher als der inhalierte Rauch tausender Fackeln.

Eines ist jedenfalls gewiss: Pyrotechnik wird weiterhin Teil der Fankultur in Österreichs Stadien bleiben! Ob legal und kontrolliert oder illegal und unkontrolliert, entscheiden andere." (Go West!, Kurvenflyer der Ultras Rapid, #4, 17. März 2018)

Zu Spielbeginn gab es dementsprechend natürlich (legal) gezündete Fackeln in der Raucherzone Block West.

…

Am Rasen tat sich in den folgenden 90 Minuten Erstaunliches, weil in den letzten Wochen Ungewohntes. Rapid hatte mit den völlig indisponierten Wolfsbergern keine Probleme und geriet nie in Gefahr, die drei Punkte nicht einzufahren. 5:1 hieß es am Ende. Heimo Pfeifenberger, Wolfsberg-Trainer mit Rapid-Vergangenheit, wurde zum Glück erst nach dem Spiel entlassen. Damit ging es in die Länderspielpause, danach warteten die starken Mattersburg auswärts.

Nach Spielende gab es noch etwas Aufregung rund um den Block. Die Lords hatten angesichts der Pyrodebatte einen Fetzen gemalt, auf dem Mahrer & Kickl ins Fadenkreuz gerieten. Zuviel für die braun …, äh … blaueingefärbte Exekutive, die ihren obersten Vorgesetzten wohl verunglimpft sah und zur Tat schreiten wollte. Passiert ist dann nicht viel. Es war aber klar, dass der Fetzen in den folgenden Wochen noch für Wirbel sorgen würde, auch wenn die Lords ihn in der Form nicht mehr aufhängten.

Apropos Fadenkreuz – in selbiges geriet schon in den Wochen zuvor immer mehr Rapids Stadionmanager Harry Gartler. Rund um das Heimspiel gegen den Wolfsberger AC deckte die Rechtshilfe Rapid einige Fälle von Hausverboten auf, die im Zuge des vorangegangenen Derbys ausgesprochen worden waren, und wegen purer Verwechslung wieder zurückgenommen werden mussten. Dass sowas bei Rapid möglich ist, hätte ich bis vor Kurzem auch nicht gedacht.

Scheiß-EM 2008 – Judasschitz

Auch eine Länderspielpause ist gut für eine Geschichte aus dem Block West, um das Verhältnis zum Nationalteam näher zu beleuchten.

Folgende Situation im Winter 2005/06: Die erste Saisonhälfte war einigermaßen durchwachsen, in der Champions League setzte es bei sechs Spielen genauso viele Niederlagen, der Frust regierte in Hütteldorf. Trainer Hickersberger erlag dem Lockruf des ÖFB und dann verließen uns mit Hofmann und Ivanschitz auch noch zwei tragende Spieler. Dem Ersten wurde das verziehen, weil er nach Deutschland ging, aber der andere wurde mit seinem Wechsel zu Red Bull Salzburg zum roten Tuch für uns.

Bei der Rückkehr als Spieler der Bullen ein paar Monate später (April 2006) gab es zwar viel Aufregung, aber da er 90 Minuten nur am Bankerl saß, ist nicht viel passiert. Die 10.000 vorbereiteten Pfeiferln waren (vorerst) für die Fische. Nach Spielende wurde der Burgenländer damals von einem der Stadionhackler über Umwege aus dem Stadion gebracht, weil sich beim Haupteingang der Mob zusammenrottete.

Gott sei Dank gab uns ausgerechnet der ÖFB, dem wir nach der Hickersberger-Abwerbung ohnehin nicht gut gesonnen waren, eine zweite Chance und setzte nach Ende der Saison zwei sinnlose Freundschaftsspiele gegen Schottland (30. Mai 2007) und Paraguay (2. Juni 2007) an. Da das Happel-Stadion wegen der bevorstehenden EM umgebaut wurde und weil es sonst anscheinend kein anderes bespielbares Stadion in ganz Österreich gab, schlug der ÖFB in Hütteldorf seine Zelte auf, sehr zum Unbehagen der Rapidfans. Schon im Vorfeld machten wir und die anderen Gruppen der West unserem Unmut darüber Luft. Der Block West wurde dem Rapid-Anhang reserviert. Wir einigten uns mit den anderen Gruppen darauf, keinen Anti-Österreich-Support zu initiieren, Kapitän Ivanschitz wollten wir verbal und stimmungstechnisch aber sehr wohl in die Mangel nehmen. Bei jedem Ballkontakt schallte ein Pfeifkonzert (wir verteilten im Vorfeld die besagten Trillerpfeifen) durch das Hanappi, bei einem Eckball vor der West erklommen einige Fans sogar den Zaun, um den Teamkapitän zu bespucken. Dazu gab es Spruchbänder von unserer Seite: KOMMERZ UND REPRESsion für ein Event, das uns nicht interessiert und bei dem Österreich gegen jeden Gegner verliert! und Judasschitz raus aus Hütteldorf!

Die Wogen gingen in den Tagen danach wieder einmal hoch. Jede Menge medialer Müll (Printmedien und Rundfunk) wurde über uns ausgeschüttet. Armin Wolf vom ORF unterstellte uns in der ZIB2 während eines Interviews mit Andy Marek sogar Antisemitismus im Zusammenhang mit der Verwendung des Wortes „Judasschitz“. Zugegeben, die Wortwahl war, gelinde gesagt, suboptimal, aber ins rechte Eck wollten wir uns auf keinen Fall stellen lassen.

Das Schmierblatt Österreich stellte zum ersten Mal das UR-Kammerl als „Kammerl des Bösen“ in den Mittelpunkt der medialen Berichterstattung und fotografierte auch die Katakomben, in denen wir unsere Spruchbänder sprayten und uns an den Wänden verewigten.

Wir sahen uns daher gezwungen, unsere Sicht der Dinge via Aussendung an die Presse darzustellen. Beim zweiten Spiel gegen Paraguay, das wenige Tage später stattfand, waren wir dann gar nicht mehr vor Ort, wir hatten unseren Auftritt gehabt und die Message war angekommen. Es war das letzte Ländermatch, das bis dato in Hütteldorf ausgetragen wurde. Die Tornados, die bis dahin auch zu den Spielen der Nationalmannschaft gegangen und dort aktiv tätig gewesen waren, stellten ihren Support ein. In ihrem Fanzine Tornados Spezial (#38, 2016) resümierten sie später: „Das Ende haben wir dann eigentlich als schön empfunden. Da war das Match gegen Schottland mit dem Ivanschitz und wir mussten uns entscheiden: ÖFB, Österreich oder Block West, Rapid. Und wir haben uns richtig entschieden. Wir sind Rapidler, die den Ivanschitz hassen und unterstützen, dass die Leute auszucken, ihn schimpfen und anspucken und wir scheißen einen Krapfen auf den ÖFB.“

Die ganze Geschichte war nur ein Vorbote des Protests gegen die Heim-EM 2008.

Im Frühjahr 2018 wurde das neue Weststadion für zukünftige Länderspiele ins Spiel gebracht, etwas für kleinere Gegner, mit denen sich das Happel-Stadion nicht füllen lässt.

„Michael Krammer will sich einer (durchaus lukrativen) Vermietung zwar nicht generell verschließen, für ‚die nächsten Jahre‘ kann sich der Rapid-Präsident aber keine ÖFB-Auftritte im Allianz Stadion vorstellen.

Der Hauptgrund sind die Anrainer, denen versprochen wurde, dass im Allianz Stadion (wenn schon mehr Zuschauer kommen als in das Hanappi-Stadion) nicht auch noch mehr Veranstaltungen stattfinden. Das zweite Argument ist ein praktisches: Der nach anfänglichen Problemen gute Rasen könnte durch zusätzliche Belastung zerstört werden. ‚Und dann hätten wir noch ein rechtliches Problem mit unseren 40 fix vergebenen Logen zu lösen. Die sind für 365 Tage im Jahr bezahlt', erklärt Krammer." (Kurier, 22. März 2018)

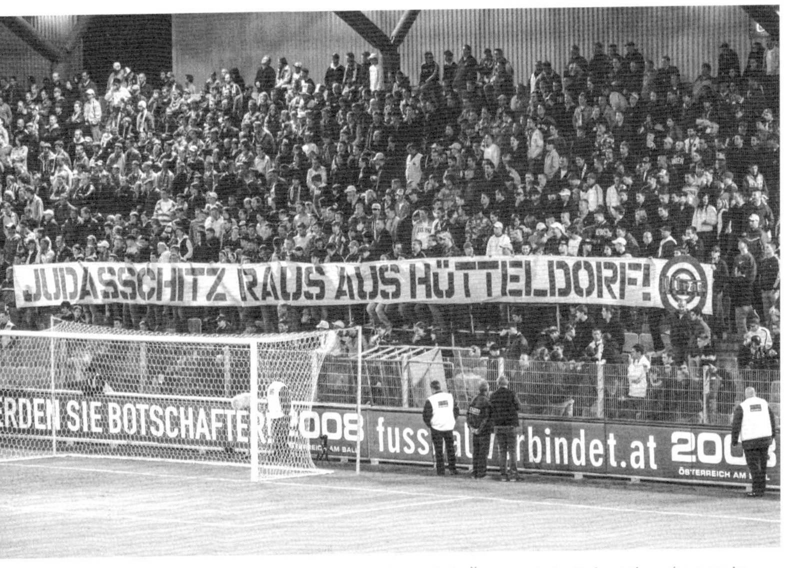

UR ausnahmsweise bei einem Länderspiel. Österreich-Schottland 2007 in Hütteldorf.

1. April 2018, 28. Runde Meisterschaft, SV Mattersburg – SK RAPID, 2:4
Remember Eisenstadt

Fährt man mit dem Auto nach Mattersburg, ist auch die Landeshauptstadt Eisenstadt angeschrieben und die Erinnerung geht zurück an den 27. Juli 2002. Rapid spielte kurz nach Saisonbeginn im wunderschönen, 1953 eröffneten Eisenstädter Lindenstadion, das es heute leider nicht mehr gibt, ein Freundschaftsspiel gegen Arsenal London. An einem heißen Samstagnachmittag machte sich der grün-weiße Mob mit Bussen, die der Verein zur Verfügung gestellt hatte, vom Praterstadion aus auf den Weg ins Burgenland. Heiß war's und es floss viel Alkohol.

Mitte der zweiten Halbzeit kam es zu einem eigentlich nicht erwähnenswerten Wickel unter Rapidlern. Die völlig unterbesetzten und überforderten Dorfpolizisten schritten ein, es kam eins zum anderen und schließlich artete die ganze Sache aus. Die Gendarmen wurden von der Tribüne getrieben. Es flogen Heurigenbänke, Mistkübel, ein paar Fäuste – sogar ein Griller wurde zweckentfremdet. Der Kurier fasste zwei Tage später zusammen: „Referee Stuchlik musste kaum eingreifen. Bis zur 69. Minute. Fassungslos erlebten er und die Spieler die Wildwest-Szenen auf der Tribüne. Angeblich war ein Rapid-Ultra provoziert worden. Angeblich wurde die Amtshandlung eines Polizisten, der dem jungen Rapidfan helfen wollte, falsch interpretiert. Die wenigen Uniformierten wurden zum Feindbild. Sie waren überfordert. Nach einer zehnminütigen Warterei pfiff Stuchlik zum Schein wieder an. Sekunden später rannten alle Spieler in die Kabine. Rapid-Trainer Josef Hickersberger entschuldigte sich bei Arsenal-Trainer Arsen Wenger."

Die Kronen Zeitung sekundierte: „Das (äußerst faire) Spiel war etwa eine Stunde alt, als auf der Tribüne erste Bänke flogen, wenig später verwendeten chaotische Rapid Fans alles, was nicht niet- und nagelfest war, als Wurfgeschosse in Richtung völlig überforderter Polizei: Bierkisten, Flaschen, Tische (die als Kantine frei auf der Tribüne standen!), ja sogar ein Gasgrill diente ihnen zur ausgerufenen Schlacht gegen die Exekutive, die mit nur etwa 20 Beamten auf verlorenem Posten stand. Einsatzleiter Oberstleutnant Füzi ordnete auch deshalb die Flucht an, weil sich im Sektor des harten Kerns auch viele Kinder und unbeteiligte Personen aufhielten …"

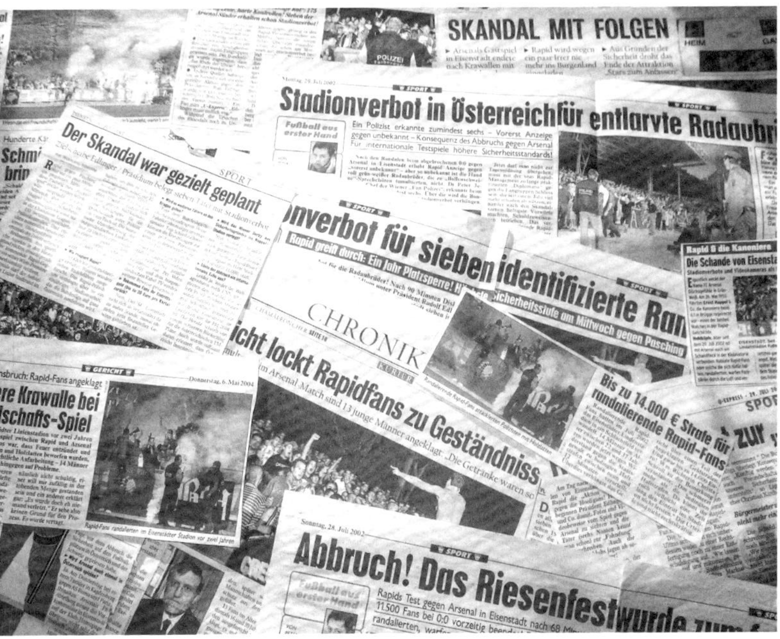

Kleiner Pressespiegel aus dem Juli 2002 – Es ist selten gut, wenn Fußballfans auch im Chronik-Teil der Tageszeitungen auftauchen.

Wäre das Spiel gegen einen so renommierten Gegner wie Arsenal nicht abgebrochen worden, hätte der Skandal sicher nicht solche Wellen geschlagen, aber so berichtete sogar CNN darüber. Die Folge waren sieben von Rapid und der Bundesliga verhängte bundesweit geltende Stadionverbote, die zum Großteil UR betrafen und 14 Anzeigen, die eine Gerichtsverhandlung nach sich zogen. Natürlich betrafen die Konsequenzen die ganze Szene. Trommeln, Fahnen, Megaphone wurden bei den folgenden Spielen nur schrittweise wieder erlaubt. Das Verhältnis zur Vereinsführung war zum damaligen Zeitpunkt sehr schlecht und normalisierte sich erst langsam wieder.

Es hatte sich schon Monate vorher abgezeichnet, dass es irgendwann richtig scheppern würde. Dazu muss man wissen, dass bei UR damals gerade ein erster Generationswechsel stattfand. Einige 18- bis 20-Jährige, darunter auch ich, waren gerade dabei, ihre Grenzen auszuloten und bekamen prompt die Quittung präsentiert. Wobei uns das nicht daran hinderte, in den folgenden Jahren noch den ein oder anderen „Blödsinn" zu veranstalten. Dass früher oder später Stadionverbote fällig werden würden, war eigentlich klar.

Eisenstadt war, wie gesehen, nicht das erste Skandalspiel mit Rapidbeteiligung und es ist auch nicht großartig viel passiert, aber es war für unsere Generation prägend. Die Verhandlung dazu fand erst zwei Jahre später im Mai 2004 statt und brachte uns Verurteilungen wegen Widerstandes gegen die Staatsgewalt zu bedingten Haftstrafen (9 bis 12 Monate) sowie zu unbedingten Geldstrafen bis zu 13.000 Euro ein. Nicht die Vorstrafen, sondern vielmehr die daraus resultierenden sieben einjährigen Stadionverbote waren eine einschneidende Erfahrung für die meisten von uns.

Gebt uns 10, 100, 1000 Stadionverbote, aber ihr könnt unseren Willen nicht brechen! – Stadionverbot ein Jahr – aber Ultras ein ganzes Leben lang! – Unserem Glauben kann man kein Stadionverbot geben! lauteten vielsagende Spruchbänder aus jener Zeit.

Die Stadionverbote galten für Heim- und Auswärtsspiele. Es waren die ersten dieser Art in Österreich. Die meisten der sieben Stadionverbotler reisten trotzdem zu jedem Auswärtsspiel mit der Gruppe an und blieben dann halt vor dem Stadion. In der Winterpause erklärte Präsident Edlinger die Stadionverbote für die Heimspiele für aufgehoben und wir durften zumindest in Hütteldorf wieder rein. Zuvor unterschrieben wir einen Wisch, uns in Zukunft ordentlich zu benehmen. Naja, daran haben sich einige in weiterer Folge nicht wirklich gehalten …

Seit jener Zeit hängt auch der Fetzen der Sektion Stadionverbot leider bei fast jedem Spiel, wobei der Start etwas peinlich war: „Wir ließen leider bei einer Firma einen größeren, grünen Ultras Sektion Stadionverbot Banner drucken, was heutzutage ein Ding der Unmöglichkeit wäre. Dieser Banner bekam jedoch trotzdem einen Platz in unserer Geschichte, wenn auch einen sehr unrühmlichen, da er schlichtweg mit einem unverzeihlichen Fehler ausgestattet war. ULTARS Sektion Stadionverbot war zu lesen, doch erst nach einem Gruppenfoto und einer kompletten ersten Halbzeit kamen wir auf diesen Fauxpas drauf und klappten ihn ein, um ihn in der darauffolgenden Woche auszutauschen." So das selbstkritische Resümee, veröffentlicht im Block West Echo (#39, 2017).

Es war nicht der erste Rapid-Skandal im Burgenland, das Lindenstadion war bekanntermaßen schon fast zwanzig Jahre vorher

Zeuge der Untaten des Rapid-Anhangs gewesen, als 1983 hier der Meistertitel klargemacht wurde. Am 25. Juni 1983 schrieb die Kronen Zeitung unter der Überschrift „Eisenstadt verbarrikadiert sich aus Angst vor Terror!“: „‚Verbarrikadiert Fenster und Läden! Die Rapidler kommen!‘ Diese Warnung sprach gestern, Freitag, die Eisenstädter Polizei an die Geschäftsleute der Stadt aus. Nach dem meisterschaftsentscheidenden Spiel Eisenstadt – Rapid werden schwere Ausschreitungen der jugendlichen Rapid Fans befürchtet. ‚Ob Rapid den Meistertitel gewinnt oder verliert, die Burschen haben in jedem Fall Grund zu randalieren!‘ 100 Polizisten, die Hundestaffel und Militär werden die Stadt gegen den Terror schützen.“

Rapid und die Austria lagen damals vor der letzten Runde punktegleich voran, Rapid hatte aber das klar bessere Torverhältnis. Es blieb nicht lange spannend an diesem Samstagnachmittag, die Grünen gewannen klar mit 4:0. Berühmt die bereits beschriebene Szene, wie Hans Krankl im Gipsfuß vor den Rapidanhängern und den niedergerissenen Zäunen einen Platzsturm kurz vor Ende gerade noch verhindern kann. Zumindest damals lagen Kronen Zeitung und Polizei mit ihren Warnungen vor den bösen Rapidlern nicht ganz daneben …

…

Rapid schien die vorangegangene Länderspielpause durchaus sinnvoll genutzt zu haben und fuhr im sehr windigen Burgenland einen in dieser Höhe nicht erwarteten und ungefährdeten 4:2 Auswärtssieg ein. Dabei trügt das Ergebnis, denn nach vierzig Minuten waren die in Rot spielenden Rapidler schon 4:0 in Front. In den zweiten 45 Minuten ließ man es dann etwas schleifen.

7. April 2018, 29. Runde Meisterschaft, SK RAPID – SKN St. Pölten, 2:1

Von Sektorsperren, Geisterspielen und einem vermeintlichen Mittelfinger

Rapids Einspruch gegen die verhängte Strafe nach dem Derby vom 4. Februar war abgelehnt worden, somit sollte die Sperre der betreffenden Sektoren nun beim Heimspiel gegen das Tabellenschlusslicht schlagend werden. Rapids Reaktion ließ ungewöhnlich lange auf sich warten und kam dann am Ostersamstag. Einige Abschnitte der sehr langen Stellungnahme des Vereins waren zumindest für mich einigermaßen überraschend. Darin legte der SK Rapid ein klares Bekenntnis zur Hütteldorfer Fankultur ab, Pyro inklusive, und holte zu einem Rundumschlag gegen die Bundesliga aus.

„Emotionen, Leidenschaft, Fankultur, aber natürlich auch Spielregeln gehören zum Fußball. Die Sensibilität der Öffentlichkeit hat sich verändert, was gestern noch als Nebensächlichkeit erschien, ist der viral über soziale Medien verbreitete ‚große Aufreger'. Die Stadionbesucher sind ein Abbild der Gesellschaft. Und das ist gut so! Von den Klubs die Lösung gesellschaftlicher Probleme zu verlangen, überfordert diese.

Hunderttausende Rapidler leben ihre Leidenschaft in einer großartigen Art und Weise, beweisen täglich ihr großes Herz und investieren viel Zeit und Geld, um ihren Herzensklub fantastisch zu unterstützen. Wir verwehren uns vehement gegen die pauschale Kriminalisierung und Verunglimpfung von Rapidfans! Wir wollen ein deutliches Signal des Zusammenhalts der Rapid-Familie senden und werden deshalb beim Heimspiel gegen den SKN St. Pölten den Gästesektor für Rapidfans öffnen. Dieser ist von der Sektorensperre bekanntlich nicht betroffen. Wir werden die Gästefans im Allianz Stadion sicher und gut unterbringen, sodass diese ihrer Mannschaft den gewohnten Support zukommen lassen können." (veröffentlicht auf www.skrapid.at am 31. März 2018)

Wohl wissend, dass eine weitere Strafe seitens der Bundesliga folgen könnte, ermöglichte der Klub den Abonnenten, die auch Vereinsmitglied waren, das Spiel im eigentlichen Gästesektor zu sehen, bei 12 Euro Eintritt. Die paar St.-Pölten-Fans wurden auf der Gegengerade untergebracht. Ein Glück, dass die Auswärtssektoren in der österreichischen Liga so wenig ausgelastet sind.

Man konnte in den vorangegangenen Monaten ja vieles an Rapids kritisieren, aber das war auf alle Fälle top, auch wenn die Meldungen der Offiziellen unmittelbar nach dem fraglichen Derby in eine ganz andere Richtung gegangen waren. Was nicht passt, wird passend gemacht – so könnte man als Außenstehender vielleicht interpretieren, was Rapid da fabrizierte. Aber egal: Rapid hat nun einmal eine Ausnahmestellung im österreichischen Fußball und es war an der Zeit, diese auch endlich einmal in die Waagschale zu werfen. Und ob diese Handlungsweise Rapid nun in der Folge und bei weiteren Sperren auf den Kopf fallen wird oder nicht – scheiß auf die Bundesliga!

So eine Sektorsperre oder gar ein Geisterspiel kann gar nichts. In der jüngeren Vergangenheit des SK Rapid ist das leider schon ein paar Mal passiert.

Im Mai 2011 endete die sportliche Talfahrt des Klubs im allseits bekannten Platzsturm beim Heimderby, das nach dem Tor zum 0:2 abgebrochen wurde. Die Folge war ein Geisterspiel gegen die Admira, es war das erste Heimspiel der folgenden Saison 2011/12.

Rapid gewann 2:0. Die Szene verfolgte das Match im *Stags Head* gegenüber dem Stadion. Die Rapid-Viertelstunde wurde dann auf der Keißlergasse eingeklatscht.

Ein Jahr später verhängte die UEFA ein Geisterspiel als Strafe für die Wickel in Thessaloniki. Das erste Heimspiel der Gruppenphase der Europa League gegen Rosenborg Trondheim am 20. September 2012 fand dann im fast leeren Happel-Stadion statt. Rapid verlor ohne Unterstützung 1:2. Das Gros der Rapidler versammelte sich indes im Hanappi-Stadion vor der Videoleinwand.

Thessaloniki, 23. August 2012, Play-off-Runde UEFA Europa League, PAOK Thessaloniki – SK RAPID. 2:1

Der Abend im Toumba in Thessaloniki, auf den die Sanktionen zurückgingen, hatte es aber auch wirklich in sich gehabt. Natürlich rechnete man damit, dass es turbulent werden könnte, aber als es dann wirklich losging, wurde dem ein oder anderem vielleicht doch etwas mulmig. Zumal ja nicht nur die Szene dort war, sondern auch Frauen und Kinder. Vielleicht hättens uns sowieso angegriffen, Auslöser waren aber die ersten Fackeln, die von unserem Block abgefeuert wurden.

Folgend der Bericht vom Seba im Go West! (#10, 2012):

„Als die Loskugeln der UEFA die Begegnung Rapid Wien – PAOK Thessaloniki hervorbrachten, waren die Reaktionen sehr unterschiedlich. Das Spektrum reichte von purer Freude bis zu ernsthafter Nachdenklichkeit, was diese Reise betraf. Nichtsdestotrotz machte sich ein ansehnlicher Mob von 800 Rapidlern auf den Weg in den hellenischen Norden, die überwiegende Mehrheit davon mit den drei Tagesfliegern. Das Zentrum der Stadt wurde okkupiert und lange war von PAOK nichts zu sehen, obwohl viel erwartet wurde. Irgendwann kam dann tatsächlich ein schwarzweißer Kackhaufen daher, fuchtelte mit Messern herum und nahm dann blitzartig die Beine in die Hand. Feiges Paok-Pack!

Nach chaotischem und aufgrund der Hitze sehr anstrengendem Prozedere, um in die Busse und danach zum Stadion zu kommen, wurde man dort auch in etwa so empfangen, wie es Kenner der griechischen Szene wohl erwartet haben: mit fliegenden Steinen, Fackeln und Mollis. Beim Aussteigen lag schon einiges an Reizgas in der Luft und man konnte den Hass auf uns wirklich spüren. So eine Atmosphäre haben davor wahrscheinlich die wenigsten miterlebt …

Im Stadion wurde zunächst normal Stellung bezogen, es verging aber nicht viel Zeit, die man als normal beschreiben kann. Vorweg: Auch wir können Fehler eingestehen, wenn sie gemacht werden. Auch wenn sicher der überwiegende Großteil dieser Reise aus der Sicht der Rapidszene sehr gut war, muss man sich den Vorwurf gefallen lassen, wieso als Erstes von Rapidlern in die anderen Sektoren geschossen wurde. Vor allem auch deshalb, weil dies noch nie der Stil des Block West war und es auch in Zukunft nicht sein wird. Es war eine unglaubliche Ausnahmesituation, mit der eben nicht alle fertig wurden. Wir werden jetzt nicht mit dem Finger deuten oder alle Leute ausliefern, denn wie es schon beim letzten Heimspiel gesagt wurde, wollte sicher niemand Rapid schaden. Aber es wurde schon genug darüber geredet, geschrieben und sich der Kopf zerbrochen, man kann nichts rückgängig machen und muss daraus lernen …

Als dann mehrere hundert PAOK-Fans über die Laufbahn in Richtung Auswärtssektor kamen, war klar, was kommen würde. Pyro, Eisenstangen, Metallplatten und alles Mögliche mehr kam in den Block geflogen, wurde zurückgeschossen und kam wieder. Wir konnten den Riesenmob nicht vertreiben, wir konnten nur versuchen, solange dagegenzuhalten, wie es ging. Nach einigen Minuten zuschauen wurde es den Bullen doch noch zu blöd und sie fassten den Entschluss, uns mit Reizgas und Knüppeln ganz nach oben in den Sektor zu treiben, was aufgrund des mega-aggressiven Gases zwar recht flott gelang, vor allem bei den besonneneren und älteren Leuten im Sektor aber fast die Panik ausbrechen ließ … Die Griechen machten dann irgendwann endlich die Mücke und es schaute bald wieder so aus, als würde jetzt angepfiffen, wie wenn nichts gewesen wäre.

Wir nahmen also wieder Aufstellung und begannen mit dem Support. Nach wenigen Minuten fing die Polizei an, Leute aus unserem Sektor zu verhaften, die teilweise nichts dafür konnten, was passiert war. Die Polizei gab schnell zu verstehen, was passieren würde, wenn die Leute nicht mitgehen. Die Situation war leider aussichtslos und ein Versuch, die Leute irgendwie vor der Verhaftung zu retten, hätte keinen Sinn gehabt. Außerdem wollten wir dem ganzen Sektor einen weiteren Einsatz dieses irren Reizgases ersparen. Wir sahen es jedoch nicht als ehrlich an weiterzusingen, wenn teilweise schuldlose Rapidler aus dem Block gezogen werden und stellten den Tifo daraufhin ein. Der Tiefpunkt des Tages war erreicht.

Die Mannschaften hatten es sicher sehr schwer, hier zu spielen und von befreit aufspielen war keine Rede. Trotzdem gelang Rapid aus dem Nichts das 0:1 und wieder traf Deni Alar. Unglaublich, dass wir hier in Führung gingen!

Leider schaffte PAOK noch den Ausgleich und mit nur 10 Mann sogar den Siegestreffer zum 2:1, die sportliche Ausgangssituation für das Rückspiel war aber trotzdem mehr als gut. Nach Schlusspfiff wurden wir gute zwei Stunden im Stadion festgehalten, draußen tobte der PAOK-Anhang gegen die Bullen. Mit der Zeit wurde es immer ruhiger ums Stadion und die Rückfahrt zum Flughafen blieb bis auf einen Steinwurf auf einen der Busse ruhig. Die Verhafteten mussten zwei Nächte im griechischen Häfn verbringen und waren am Sonntag alle wieder in Wien.“

Nach der Ankunft in Wien ging es damals, wie nicht anders zu erwarten, erst richtig los. Die Medien drehten durch, Andy Marek erklärte in weiterer Folge, ab Herbst nicht mehr für Fanbelange zuständig sein zu wollen und die UEFA strafte Rapid dann, wie gesagt, mit einem Geisterspiel in einem der kommenden Europacupspiele, 75.000 Euro Geldstrafe und einem Ausschluss auf Bewährung.

Es waren unglaublich hektische Tage bis zum Rückspiel, das noch vor Publikum ausgetragen wurde. Szeneintern gab es natürlich einiges zu klären, Medien und Polizei verfielen in eine unglaubliche Hysterie und schließlich reisten noch 800 Gäste aus Griechenland, Deutschland (Paok Clubs) und Serbien (Partizan Belgrad) an, die für ordentlich Alarm sorgten und, bewacht von 600 Kiberern und 400 Ordnern, auf der komplett abgesperrten Ost untergebracht waren.

Den Vogel schoss dabei wohl wieder einmal das Heislpapier, pardon: Fellner-Blattl Österreich ab, das einen „Hooligan-Ticker" online stellte und seine Leser anhielt, die zu erwartenden Randale der menschenfressenden Horden griechischer Hooligans zu filmen und zu fotografieren.

Um es vorweg zu nehmen: Passiert ist abseits des Rasens nicht allzu viel. Am Spielfeld hingegen schon, es gab einen Platzsturm der anderen Art. Unsere Burschen spielten groß auf und überrollten die Griechen in einem mitreißenden und sicherlich geschichtsträchtigen Spiel mit 3:0. Selten zuvor war das GANZE Stadion (West, Nord und Süd) so auf ein Spiel fokussiert und die Bezeichnung Hexenkessel so zutreffend wie an jenem Abend in Wien-Hütteldorf.

Heiße Europacupnächte erlebte Rapid nicht nur in der Neuzeit – eine kurze Reise zurück in den Mai des Jahres 1961. Europacup-Halbfinale Rapid – Benfica Lissabon. Das Hinspiel verlor Rapid 0:3. Nach einigen strittigen Schiedsrichterentscheidungen kam es zuerst zu Wickeln unter den Spielern, ehe sich auch das Wiener Publikum nicht mehr zurückhalten konnte. Die Arbeiter Zeitung berichtete am 5. Mai 1961: „Beim Stand von 1:1 wurde das Match in der letzten Spielminute wegen Eindringens von Zuschauern vom Schiedsrichter abgebrochen. Spieler und Zuschauer rauften miteinander. Das Spielfeld wurde schließlich von hunderten Fanatikern gestürmt, die Buchstaben, aus denen die Namen der beiden Vereine gebildet waren, wurden aus den Anzeigetafeln gerissen. Die schlimmste Sorte von Fußballfanatikern, fast durchweg Halbwüchsige, begann die Einrichtungen der Fernseh- und Rundfunkkabinen zu demolieren."

Zu den bereits genannten Geisterspielen gesellte sich im März 2015 die Sektorsperre (C, D Kurve) im Happel-Stadion beim Spiel gegen Altach. Dem vorausgegangen war die bedingte Strafe (Sperre der Fansektoren) nach den Wickeln beim Derby vom November 2014, die nach einem „übermäßigen" Pyroeinsatz in den folgenden Spielen schlagend wurde. Schon damals interpretierte Rapid die Strafe zum Glück auf eigene Art und Weise. Kurzerhand wurde der Block West samt Fanutensilien einfach in den gegenüberliegenden Sektor A verlegt. Diese Nichteinhaltung des Senat-1-Beschlusses bescherte dem SCR eine neuerliche Strafe von 15.000 Euro.

...

Beim aktuellen Spiel mit Sektorensperre am 7. April 2018 gegen St. Pölten waren schließlich knapp 10.000 Leute vor Ort. Der Gästesektor war zur Überraschung aller nicht ganz voll, auch auf der Gegengerade gab es einen Haufen leergebliebener Sitze. Eigentlich durfte man auf ein Schützenfest hoffen, aber am Ende musste Rapid froh sein, gegen das abgeschlagene Tabellenschlusslicht 2:1 zu gewinnen. Die beiden Tore resultierten aus zwei „billigen" Elfmetern. Rapid war heute einfach nur schlecht.

Eine Woche vor seinem Gastspiel in Hütteldorf hatte der hoffnungslose Tabellenletzte St. Pölten den Trainer gefeuert und für den Ex-Rapidler Lederer den Ex-Rapidler und Helden aller Rapidfans, die sich mittlerweile in den Dreißigern befinden, Didi Kühbauer geholt. Der Burgenländer spielte zwar nur fünf Jahre in Hütteldorf, ist aber wohl trotzdem *der* Spieler der 1990er Jahre, was Beliebtheit, spielerische Klasse und natürlich Schmäh betrifft. Und trotzdem gibt es da eine Geschichte, die für leichte Irritation im Verhältnis Block West – Didi Kühbauer sorgte.

April 2005, Don Didi ließ seine Karriere bei Mattersburg ausklingen und war gerade dabei, Rapid mit 1:0 zu besiegen. Vor dem Rapidsektor wurde es hektisch und plötzlich zeigte der verlorene Sohn den Mittelfinger oder zumindest einen anderen Finger in Richtung unseres Blocks. Wir quittierten das beim folgenden Heimspiel mit dem Spruchband: KÜHBAUER, MIT SOLCHEN GESTEN ZERSTÖRST DU DEINE LEGENDE!

„Damals wurden Feuerzeuge auf unseren Tormann, den Borenitsch Tom, geworfen", stellte Don Didi vor einiger Zeit in einem Interview in Forza Rapid – Die Hütteldorfer Revue (#13, 2017) fest. „Rapid war 0:1 hinten und dann sind die Feuerzeuge auf ihn geflogen, ohne dass er provoziert hätte oder sonst etwas vorgefallen wäre. Ich habe dann mit einigen Rapid-Spielern gesprochen und sie gebeten, hinzugehen und das abzustellen. Nachdem das keiner machte, bin ich selbst hin und habe, auch mit Gesten (deutet sich mit dem Zeigefinger an den Kopf) gefragt, ‚ob's deppat san'. Da wurde mir dann auch nachgesagt, ich hätte den Mittelfinger ausgestreckt, was natürlich nicht stimmt. Die West war immer fantastisch, aber das hat mich getroffen, weil ich mir keiner Schuld bewusst war."

Ich persönlich hab die Situation damals anders wahrgenommen, aber irgendwann wird auch diese Geschichte ausgeräumt werden, was Kühbauers Status als Rapid-Legende keinen Abbruch tun soll.

Ein kleines Detail, das ich im Stadion gar nicht wahrnahm, war am nächsten Tag in der Kronen Zeitung nachzulesen: „War es Zufall oder Absicht? Rapids Stadionsprecher Andy Marek verzichtete bei den Teamvorstellungen auf die Trainer: Die Angst vor stürmischem Applaus bei Gäste-Coach Didi Kühbauer im Gegensatz zu Djuricins Höflichkeits-Klatschen ging um." Rapid-Trainer Djuricin gab nach dem Spiel, angesprochen auf die schlechte zweite Halbzeit, zu Protokoll: „Weil wir, sorry für das Wort, in manchen Szenen zu fickrig waren." Das hab ich so auch noch nie von einem Rapid Trainer gehört.

Natürlich gab es auch ein paar Spruchbänder, die sich gegen die Bundesliga richteten: GEGEN JEDE SIPPENHAFTUNG – GILT AUCH FÜR DIE RAPID-FAMILIE! (TR) und WERTE HERREN VOM SENAT, WIR SIND LAUT UND IHR SEIDS STAD! (TR)

Was mir bei der Betrachtung der Fotos nach dem Spiel erst auf den zweiten Blick auffiel, war ein kleines Banner, das über den Schriftzug tipico Bundesliga geklebt war. SCHEISS Bundesliga war da 90 Minuten lang zu lesen.

…

Das erinnerte mich wiederum an einen ähnlichen Streich aus dem Jahr 2010. In der Nacht vor dem Heimspiel gegen den SC Wiener Neustadt wurde unsere Kreativabteilung aktiv, setzte ein schon lange geplantes Vorhaben um und verwandelte eine adidas-Werbebande vor unserer West in eine acab-Werbebande, was einen kleinen Gag zu Spielbeginn darstellen sollte. Wir klebten zwei Planen über die Werbebande. Die obere war 1:1 der Original-Werbebande

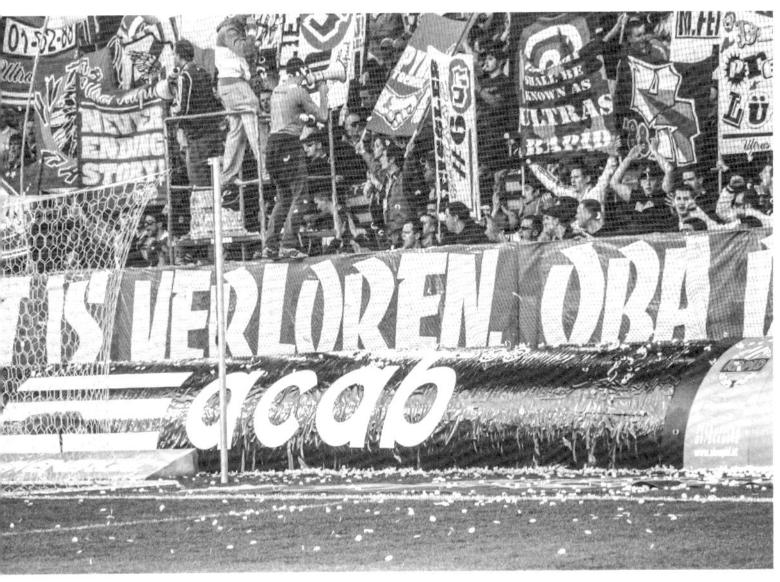

Dem Marketing-Verantwortlichen bei Rapid war die Kopie vor Spielbeginn zwar aufgefallen, aber er drückte beide Augen zu.

nachempfunden. Darunter dann klebten wir die acab-Folie. Kurz vor Spielbeginn rissen wir die erste, falsche adidas-Folie runter, wodurch die acab-Folie zum Vorschein kam. Nach ein paar Minuten wiederum entfernten wir auch diese, wodurch schließlich wieder die originale Werbebande zum Vorschein kam.

Dem normalen Zuschauer ist es vielleicht sogar entgangen, dem für die Werbepartner Verantwortlichen bei Rapid hingegen nicht. Schon vor Einlass war ihm aufgefallen, dass die eine Werbebande in der Sonne komisch glänzte.

Es war viel Verhandlungsgeschick gefragt, aber schlussendlich ließ man alles, wie es war, unter der Bedingung, dass der Spuk ein paar Minuten nach Spielbeginn wieder vorbei war.

Bei adidas in Deutschland konnte man darüber weniger lachen. Am Tag danach reisten einige hohe Herren extra aus Herzogenaurach an, um bei unseren Vereinsoberen vorzusprechen. Wer sich also wundert, warum die Dressen in den vergangenen Jahren immer wieder enttäuschten, weiß jetzt, bei wem man sich dafür bedanken kann.

…

Die erwartete Strafe seitens der Bundesliga blieb dem SK Rapids dieses Mal übrigens erspart. „Der Senat 1 ist nach eingehender Prüfung zu der Ansicht gelangt, dass der SK Rapid auf Basis des ergangenen Spruchs das Urteil formal korrekt umgesetzt hat", hieß es in einer entsprechenden Aussendung ein paar Tage später.

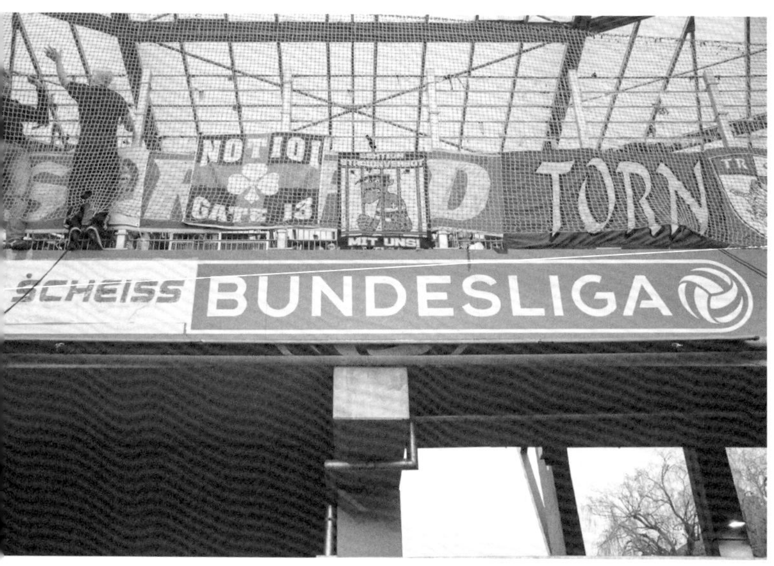

Sektorsperre: Rapidfans im Gästesektor beim Heimspiel gegen St. Pölten, 7. April 2018.

Derby IV: Glory 7 – Ehre der Sektion Stadionverbot

Die erste Sektion Stadionverbot nach dem Spielabbruch gegen Arsenal umfasste sieben mehr oder weniger Unschuldige, hauptsächlich UR. Von Anfang an war klar, dass wir trotz Verbot zu allen Spielen anreisen wollten. Entweder wollten wir vor den Stadiontoren warten oder uns irgendwo positionieren, um einen Blick aufs Spielfeld zu erhaschen. Wir wollten Präsenz zeigen und der Repression trotzen. UNSEREM GLAUBEN KANN MAN KEIN STADIONVERBOT GEBEN! Das führte zu teilweise kuriosen Situationen mit überforderten Ordnern, irritierten Gendarmen und gestressten Fan-Kiberern.

Das erste Spiel nach Zustellung der Stadionverbote fand im Prater statt, weil das Hanappi-Stadion gerade umgebaut wurde. Rapid mühte sich gegen den Aufsteiger aus Pasching ab. Vor dem Stadion marschierte die Polizei auf und kontrollierte eifrig die Ausweise der Ausgesperrten. Der ORF filmte brav mit.

Eine Woche später spielten wir in Favoriten. Wir besorgten uns zwar Tickets für die Gegengerade, erkannten aber bald, dass wir wenig Chancen auf Einlass hatten. Außerdem – beim Derby mitten unter den Austrianern? Das wäre nicht lange gutgegangen. Die Vernunft obsiegte, zumindest dieses eine Mal …

Beispiel Schwanenstadt:

Rapid gastierte Ende August 2002 in Schwanenstadt (Oberösterreich) zwecks Cuppartie. Von den Stadionverbotlern war ich als einziger am Start, wir spielten unter der Woche. Ich mischte mich unter die hiesige Dorfbevölkerung weit weg vom Rapidblock. Als mich einer der sogenannten szenenkundigen Beamten ausfindig machte, rückte er mit der Gendarmerie an und ließ mich in Handschellen vom Sportplatz entfernen. Zumindest haben die Schwanenstädter was zum Schauen gehabt.

Beispiel Ried:

Hinter dem alten Rieder Stadion steht eine Fabrik, der Auswärtssektor war zu einer Seite nur durch eine Holzwand begrenzt. Wir haben ein paar Paletten übereinandergelegt und konnten somit über die Holzwand schauen. Der Blick aufs Spielfeld für Oliver und mich war perfekt. Die Kiberer spielten leider nicht lange mit und machten uns alsbald einen Strich durch die Rechnung. Wir stellten uns daraufhin an eine andere Stelle und verfolgten das Spiel von dort aus. Es war kein Nachteil, dass die damaligen Plätze wirklich eher Sportplätze als verbaute Stadien gewesen sind.

Beispiel Pasching:

Das erste Mal als Stadionverbotler erlebten wir in Pasching. Hinter dem einen Tor, wo heute die große Tribüne steht, war damals nur ein Erdhügel, auf dem wir uns positionierten und von dort einen guten Blick aufs Geschehen hatten. Kurz nach Anpfiff kam es hinter uns zu einem Wickel von ein paar zu spät gekommenen Rapidlern und der Polizei. Ich hin und zwei Sekunden später lag ich schon fixiert am Boden und war auf dem Weg in die nächste Dienststelle.

Beispiel Salzburg:

„Das Auswärtsspiel in Salzburg war definitiv das Highlight von uns Stadionverbots-Pionieren. Die Anreise erfolgte mit dem Zug. Wir brachten unsere Brüder in den Auswärtssektor und versuchten dann, einen guten Platz mit passabler Sicht zu finden, was uns bravourös gelang. Ein Lehener Wohnhaus wurde mit den Worten „Werbung Firma Feibra, guten Tag“ inkognito betreten und vom 12. Stock aus hatten wir einen tollen Ausblick auf den Auswärtssektor und den Großteil des Spielfeldes. Nach dem Schlusspfiff kam es am Spielfeld zu einer Hauerei mit TGS und Co, welche wir leider verpassten, da die Bullen die Tore verriegelten. Am Weg zurück zum Bahnhof kam es dann noch zu einem wirklich leiwanden Aufeinandertreffen mit den Mozartstädtern. Und da unser Zug dann auch noch Verspätung hatte, ließen es sich 13 grün-weiße Krieger (davon vier diffidati) nicht nehmen und gratulierten den TGS zu ihrem damaligen 10er.“ (Block West Echo, #39, 2017)

Die Aktion vor der Hittn der Tough Guys war für uns damals wirklich oarg. Dabei haben sie uns zuerst gar nicht wahrgenommen, erst als wir ihnen ein paar Fackeln vors Lokal geschmissen haben, sind sie rausgekommen. Es ist dann ein paar Minuten hin und her gegangen. Als wir die ersten Sirenen hörten, haben wir uns aus dem Staub gemacht. Gewinnen tut in so einer Situation immer der, der den ersten Schritt macht.

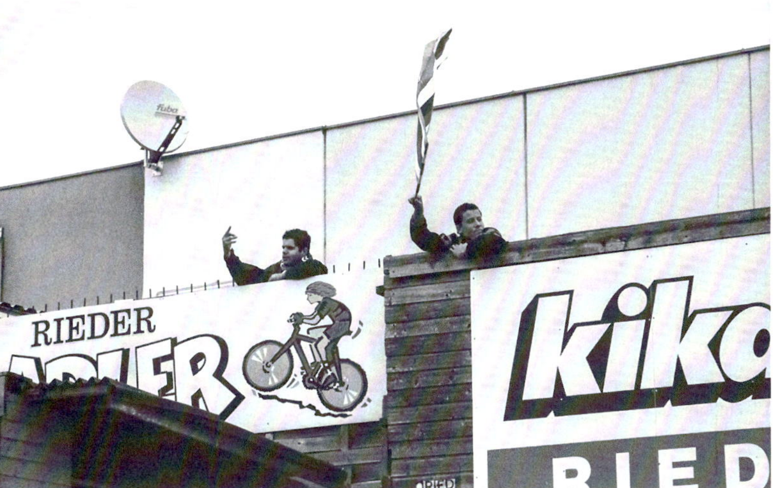

Muppet Show auf dem Holzzaun des alten Rieder Stadions.

Beispiel Graz:
Zum Abschluss der Stadionverbot-Saison ging es nach Graz zu Sturm und wir ließen es richtig krachen. Hinter dem alten Auswärtssektor in Graz befindet sich ein Bürohaus. Auch dort machten wir es uns im Stiegenhaus gemütlich. Die Sicht aufs Spielfeld war zwar sehr eingeschränkt, aber wir konnten zumindest dem Treiben im Auswärtssektor zuschauen. Dass das Stadionverbot als erzieherische Maßnahme bei uns nicht wirklich funktionierte, bewiesen ein paar von uns aufs Neue, als sie nach Spielende durch die Tiefgarage einen Weg hinter die Polizeiabsperrung fanden und plötzlich mitten unter den völlig verdutzten Grazern auftauchten. Patsch Patsch, für die Grazer und deren Freunde aus Maribor gab es heiße Ohren.

Damit nicht genug: Voller Adrenalin störten wir nach der Ankunft in Wien noch die Meisterfeier einiger Austrianer am Wiener Schwedenplatz. Unbelehrbar Rapid Wien! Oft ist der Grad zwischen mutig und deppert wirklich ein sehr schmaler.

…

Das Stadion der Austria wird nach dem Umbau im Sommer 2018 fertig sein. Es sollte dies somit wahrscheinlich das letzte Derby für lange Zeit im Prater sein. Um Wickel zu vermeiden, verkaufte die Austria Karten für die neutralen Sektoren nur an eigene Mitglieder und Abonnenten. Insgesamt waren dann auch nur 11.000 Zuschauer zugegen, der schlechteste Besuch bei einem Derby seit 1994 – ein trauriges Bild. Das Spiel war hingegen ein einziges Freudenfest. Gegen die ersatzgeschwächte Austria hatte eine starke Rapid keine Probleme. Die klare 2:0 Halbzeitführung wurde nach Wiederanpfiff auf ein 4:0 ausgebaut. Mit mehr Effizienz wäre sogar ein episches oder zumindest rekordverdächtiges Ergebnis möglich gewesen, aber es war immerhin der höchste grün-weiße Derbysieg seit 1981.

Die Derbybilanz 2017/18 las sich somit fast makellos. Die drei Derbys, die im Prater gespielt wurden, haben wir alle drei gewonnen. Bei den Heimderbys reichte es indes nur zu zwei X. Der erste Heimsieg im neuen Weststadion ist nächstes Jahr aber fällig.

Die Tore, die man an diesem Sonntagnachmittag nicht geschossen hatte, hatte man sich hoffentlich für das anstehende und vorläufig wichtigste Spiel der Saison aufbewahrt …

Am Ende stand die goldene Ananas

Solche Spiele erlebt man auch als Rapidfan nicht so oft in Österreich. Ein für beide Vereine immens wichtiges und prestigeträchtiges Spiel, in dem es um viel geht. Dazu noch ein volles Stadion und gut aufgelegte Fanblöcke. Wenn dann das Spiel auch noch mitreißend ist, fehlt nur noch ein Sieg für den perfekten Abend.

Rapid holte gegen starke Grazer zweimal einen Rückstand auf. Schaub hatte kurz vor Ende der 90 Minuten sogar noch den Siegtreffer auf dem Fuß – vergab aber leider. Das wär's gewesen, zweimal hinten, um dem Gegner kurz vor Schluss den entscheidenden K.-O. zu verpassen. „Jawoi, genau des is Rapid!" hätten wir nachher freudetrunken frohlockt und Pläne fürs große Finale geschmiedet. Aber leider kam es anders. Die Grazer hatten einen Ruhetag mehr gehabt und waren am Ende frischer als die Unsrigen. Nach dem 3:2, dem wie bei den beiden vorherigen Gegentoren ein vermeidbarer Einzelfehler vorausging, war die Luft raus und das Match zu unseren Ungunsten entschieden.

Wir hatten uns mehr erhofft und hätten vielleicht auch mehr verdient. Es war somit leider ein historischer Abend in Liebenau. Denn noch nie seit Einführung des Ligabetriebes im Jahr 1911(!) war der SCR zehn Jahre in Folge ohne Titel geblieben. Auch in den Siebzigerjahren war Rapid am Sand und wurde nie Meister, konnte zwischen den Meistertiteln der Jahre 1968 und 1982 aber zumindest zweimal den Cup nach Hütteldorf holen (1972 und 1976).

In den letzten Spielen der Saison, immerhin sechs an der Zahl, ging es somit nur noch um die goldene Ananas bzw. um die Frage, in welcher Qualifikationsrunde wir in der anstehenden Saison 2018/19 starten würden. Tolle Aussichten …

22. April 2018, 31. Runde Meisterschaft,
SK RAPID – Admira Wacker, 4:1

Mission 32

Lang ist's her und angesichts der aktuellen Niederlage in Graz noch bitterer: Man schrieb den 20. April 2008. Im ausverkauften Hanappi-Stadion besiegte Rapid Altach mit 3:0 und wurde zum 32. Mal österreichischer Fußballmeister.

Gerade als Rapidfan neigt man natürlich dazu, die Vergangenheit zu verklären und wehmütig in den Rückspiegel der Geschichte zu schauen, aber nach zehn Jahren relativer Erfolglosigkeit bleibt einem auch wenig übrig.

Spätestens nach dem unverhofften 7:0 am Ostersonntag 2008 in Salzburg, standen damals alle Zeichen auf Titelgewinn, zumal auch die folgende Partie gegen Wacker Innsbruck gewonnen wurde. Ganz entscheidend war dann das Auswärtsspiel eine Woche später gegen den LASK, der ebenfalls vorne mitspielte. Rapid gewann nach Kampf mit 2:1 und wahrte den Ein-Punkt-Vorsprung gegenüber den Salzburgern. Es folgte das Heimspiel gegen den abgeschlagenen FC Kärnten.

An jenem Freitagabend tat sich Rapid schwerer als erwartet. Jimmy Hoffer erlöste Rapid endlich in der 86. Minute. Nachdem Red Bull einen Tag später überraschend in Mattersburg verlor, war klar, dass mit einem Sieg und drei Punkten gegen Altach im letzten Heimspiel der 32. Meistertitel unter Dach und Fach gebracht werden konnte.

Natürlich hatten wir schon nach dem 7:0 in Salzburg darauf spekuliert, dass es was werden könnte. Pläne für mögliche Choreographien wurden entworfen und sogar Meisterleiberln haben wir allem Aberglauben zum Trotz bereits im Voraus bestellt.

Die Choreo sollte besser werden als die 2005, als wir im großen Happel-Oval etwas überfordert waren. Das kam damals wohl noch zu früh für unsere Generation. Wir hatten einige Pläne in petto, allzu kompliziert sollte es aber nicht werden, da das im Übermut selten gut geht. Und so viel Zeit zur Vorbereitung hatten wir ja auch wieder nicht. Wir einigten uns schlussendlich auf eine Zettelchoreo, die aber erstmals das ganze Stadion umfassen sollte, mit der zentralen Botschaft: SIEG! BRINGT DAS ERFOLGREICH ZU ENDE, WAS WIR GEMEINSAM BEGONNEN HABEN!

Der 32. Meistertitel war schließlich zum Greifen nah – die Dramaturgie passte.

Es waren herrliche Tage, die wir mit den Vorbereitungen in Hütteldorf verbrachten. Jeder war sicher, da geht nichts mehr schief und das würde richtig leiwand werden. So war es dann auch. Nach zwanzig Jahren konnte ein Meistertitel wieder zu Hause in Hütteldorf errungen werden.

Früh morgens trafen wir uns mit ein paar Helfern der Tornados und Lions, um die 17.500 Zetteln zu stecken. Der Gästesektor war ja nicht vorhanden, da die paar anwesenden Altacher einfach auf der Süd untergebracht wurden. Das interne Zettelsteck-Wettrennen gewannen dabei die Tornados, die die Südtribüne als Erstes fertig gesteckt hatten. Das war auch in den folgenden Jahren so, wenn wir das ganze Stadion mit Zetteln oder Fahnen bestückten. Sie sind halt doch die besseren Hackler als die Ultras.

Gegen Mittag begannen die Lords damit, ihre Choreo auf der Ost zu stecken. Die Burschen hatten ebenfalls das Balkenmuster im Programm, aber die Zetteln dazu waren etwas blass. Sie ließen sich dazu überreden, unsere Zetteln, von denen wir noch genug vorrätig hatten, zu verwenden, um ein einheitliches Bild zu erzeugen.

Zur Zettelchoreo rollten wir auf einer Filmrolle die Ergebnisse der vorangegangenen 34 Spiele über den Block West. Klappte alles wunderbar. Die folgenden 90 Minuten waren dann richtig geil. Am Spielfeld waren die Rollen gleich klar verteilt. Die Altacher konnten oder wollten kein Spielverderber sein und ließen das Spiel über sich ergehen.

Nach der Tellerübergabe ging es auf die Kärntner Straße und zum Haas-Haus. Dort trafen etwas später noch einige Spieler in einer Stretchlimousine ein und ließen somit auch den ganzen ersten Bezirk wissen: Der Meister ist in Hütteldorf zu Haus!

So wie einst Pablo Escobar

Choreographien waren in den letzten Jahrzehnten immer ein Aushängeschild des Block West. Fahnenschwenker gab es schon auf der Pfarrwiese, in den Achtzigerjahren wurde erstmals Pyro gezündet, aber die ersten, anfänglich schlichten Choreos hielten in Hütteldorf erst Anfang der Neunziger Einzug. Italien war das große Vorbild. Teilweise wurden Zettelchoreographien eins zu eins kopiert, wie das schlagende Herz der Curva Fiesole von Fiorentina (Heimspiel gegen Sturm im August 1997). Überhaupt waren Zettelchoreos in den 1990er Jahren gerade bei den großartigen Europacupspielen im Prater sehr beliebt. Zeitweise wurde das Bundesheer zu Hilfe gerufen, um beim Stecken der 40.000 Zetteln behilflich zu sein – UR hatte damals noch nicht die nötige Manpower, um die Zetteln allein im ganzen Stadion verteilen zu können. Nach und nach wurden die Choreos ausgefeilter, was auch daran lag, dass sich in Italien und später auch in Deutschland Firmen auf die Herstellung von Choreoartikeln spezialisiert haben und die Technik (Stichwort Overhead und Beamer) auch bei uns weiter fortschritt. Apropos Geld: Rechnet man das ganze Geld zusammen, das Ultras Rapid in den letzten dreißig Jahren für die Erstellung von Kurvenbildern ausgegeben hat, dann kommt man wohl auf einen sehr hohen sechsstelligen Betrag. Durch den Verkauf von Fanartikeln und Mitgliedsbeiträgen kommt das Geld aber wieder rein.

2005 erhielten wir von der Firma T.I.F.O. aus Turin, die sich als erste in den 1990er Jahren auf die Herstellung von Tifomaterialien spezialisiert hatte, den Preis für die besten Choreos. Natürlich war die damalige Meistersaison für uns ein Traum, beinahe zu jedem Spiel gab es eine Aktion. Ob nun wirklich alles so super war, liegt im Auge des Betrachters, aber wir haben jeden Monat einen hübschen Betrag per Postanweisung runtergeschickt. Das dürfte bei der Entscheidungsfindung wahrscheinlich ganz hilfreich gewesen sein. So stehen wir dort nun in einer Reihe mit der Virage Auteuil, dem CU'84 aus Marseille, den Irriducibili Lazio oder den Ultras Unione Veneziamestre. Hipp Hipp Hurra!

Vieles hat sich geändert, alles wurde größer, schöner, arbeitsintensiver, und doch gibt's immer wieder einen gemeinsamen Nenner – das Balkenmuster in grün-weiß-blau-rot-weiß-grün. Es zieht sich durch all diese dreißig Jahre.

Eine der größten Zettelchoreos haben wir in der Europa League 2010 gegen Beşiktaş auf die Beine gestellt. Schon immer war es unser Ziel gewesen, einmal das ganze riesige Prateroval mit Glitzerzetteln zu füllen. Aber 45.000 Zetteln am Spieltag zu stecken, das war nicht zu schaffen, und auf fremde Hilfe wollten wir nicht zurückgreifen. Wir verbrachten die Wochen vorher also mit kräftiger Unterstützung der anderen Gruppen in unserem Keller, um die Zetteln einzudrehen und mit einem Gummiband zu versehen, damit man sie in die Sitze stecken konnte. El Patrón hat zu seiner Glanzzeit

Tausende Dollar monatlich für Gummibänder ausgegeben, um sein Drogengeld zu bündeln. Bei uns waren's schlussendlich einige hundert Euro. Dutzende Säcke und Kartons haben wir mit den Zetteln gefüllt und am Tag vor dem Spiel in den Prater geschafft, als wir mit dem Stecken begannen.

Den größten Anteil am schließlich großartigen Bild hatte jedoch einer, der, abgesehen von seinem Namen, bei Rapid keinen bleibenden Eindruck hinterlassen hat: Jan Veneegoor of Hesselink (13 Spiele, 4 Tore). Wie kam's?

Nun, der SCR hatte sich zwar für die Gruppenphase qualifiziert, aber ansonsten war der Herbst 2010 wenig berauschend und bot einen Vorgeschmack auf das, was im Frühjahr 2011 folgen sollte: Entlassung von Peter Pacult, Platzsturm beim Derby usw. Wir machten die Umsetzung der Choreo also vom Ausgang der vorherigen Heimpartie gegen Kapfenberg abhängig. Schicksal oder nicht, in der 94.(!) Minute traf der Holländer zum 3:2 Heimsieg und einige von uns machten sich schnurstracks auf den Weg in die Tiefgarage beim Stadion, um das Spruchband fertig zu kleben. Ja, so kann's gehn.

Zu dem, was sich meiner Meinung nach sehr wohl geändert hat, zählt die Rückbesinnung auf die Geschichte des SCR, die gerade bei den Choreos in den letzten Jahren immer wieder Thema war. Klar, wenn man in der Gegenwart nichts gewinnt, dann geht der Blick nur allzu gerne zurück in die glorreiche Vergangenheit, aber auch die Eröffnung des Rapideums 2011 dürfte wohl ihren Teil zur Stärkung des Geschichtsbewusstseins beigetragen haben.

Nicht immer war alles fehlerfrei. Auf das eine oder andere Spruchband hat sich ab und zu ein Fehler eingeschlichen, aber das kennt jede Gruppe. Es ist natürlich lustig, wenn es beim Gegenüber passiert, aber man ist selber nicht gefeit davor, was die Schadenfreude in Grenzen hält.

Nicht immer war alles pointiert, aber meistens schon. Ab und zu haben wir uns verschrieben, wieder ein anderes Mal mussten wir ein Spruchband wegschmeißen, weil der Spielverlauf nicht zuließ, es zu zeigen. (STATT STURM UND DRANG JEDES FRÜHJAHR IM ORSCH DAHAM! bei der 0:1 Heimniederlage gegen Sturm im Mai 2009.) Aber ein Mal, ein Mal! Da haben wir komplett ins Schwarze getroffen. In Erwartung eines großen Fußballabends schrieben wir im September 2009 gegen den HSV: Rapid marschiert, Wien regiert, ganz Europa wird paniert! Ein vorher nie und nimmer für möglich gehaltenes 3:0 gegen den damaligen deutschen Tabellenführer war die Folge. Ja, wir standen am Anfang des langsamen Hamburger Abstiegs. Ähnlich erging es Aston Villa ebenfalls 2009 und ein Jahr später. (Your nightmare returns!) Die haben sich davon auch nicht erholt und spielen mittlerweile ebenfalls nur mehr zweitklassig.

…

Nun ist es ja nicht so, dass wir uns gegen Ernst Baumeisters Admira in der Vergangenheit so leichtgetan hätten, aber an diesem heißen Sonntagnachmittag reichte es zu einem ungefährdeten 4:1-Heimsieg. Nachdem Sturm am Tag zuvor überraschend in Wolfsberg verloren hatte, betrug der Abstand zu Platz 2 plötzlich nur noch fünf Punkte. Angesichts des fünften Sieges in Folge und des anstehenden direkten Duells träumten die Optimisten unter uns wohl schon wieder von den Sternen der Champions League. Nüchtern betrachtet war Rapid mit dem Sieg gegen die Admira aber zumindest mal für die anstehende Europa League qualifiziert.

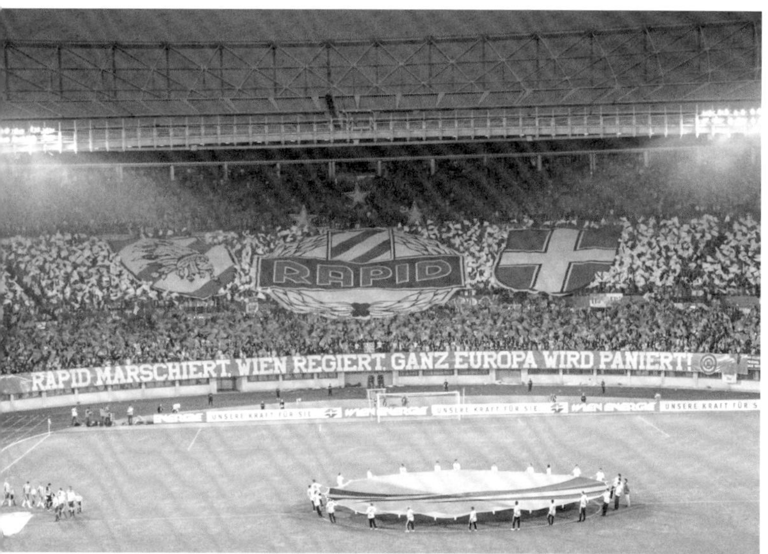

Das Spruchband beim Europa League-Spiel gegen den HSV (3:0) am 17. September 2009 war ein Volltreffer.

Der Fetzen mit Mahrer & Kickl im Fadenkreuz kam in der zweiten Halbzeit in einer leicht abgeänderten Version (Kasperl & Pezi ersetzten die beiden anderen Clowns) zum Vorschein. Ein sehr guter Konter der Lords angesichts der Aufregung beim letzten Mal. „Nach Präsentation dieser Kritikform rotierte vor allem Rumpelstilzchen Kickl wie verrückt und befahl den vor Ort anwesenden Polizisten, das Banner sicherzustellen. Nachdem das im Stadion nicht gelungen ist, wurden in der Woche darauf einige Leute aus der Fanszene von Polizei und Verfassungsschutz sekkiert und wir packen es immer noch nicht ganz, wie wehleidig der Innenminister – selbsternannter Beschützer aller Polizisten – ist, wenn einmal gegen ihn geschossen wird statt umgekehrt. Strache sprach von einem ‚Aufruf zum Mord' und einmal mehr kann festgehalten werden: Eurer ganzen Partie hat irgendwer ganz fest ins Hirn g'schissn!" (Go West!, #5, 2018)

Hans Krankl lässt, wie schon gesagt, keinen kalt, zumal, wenn er in violettem Hemd im Fernsehstudio sitzt und (wie letzte Woche) das Derby kommentiert. Das UR-Spruchband: HANSI: FARBENBLIND UND FRUSTRIERT BEI SKY PHILOSOPHIEREN, SO WIRST DU DEINEN RUF ALS LEGENDE WEITER RUINIEREN! ließ die Wogen in den folgenden Tagen in so manchem Forum und der Presse hochgehen.

Völlige Verständnislosigkeit zum Beispiel beim Kurier: „Über die ganze Stadion-Breitseite wurde von Spaßbefreiten ein Transparent gespannt, das Krankl als farbenblinden Verräter (= Austria-Sympathisant) brandmarkte. (…) obwohl Krankl an deren Choreografien früher Gefallen fand und sich wiederholt ein Ultras-Kappel aufsetzte." (29. April 2018)

29. April 2018, 32. Runde Meisterschaft, Sturm Graz – SK RAPID, 4:2

Tatort Grazer Ostbahnhof

Zurück am Ort der bittersten Saisonniederlage. Die große Rapid-Anhängerschaft witterte wieder Morgenluft, der 2. Platz und somit die Chance auf die Champions League-Quali wäre mit einem Sieg in Liebenau wieder in Reichweite gewesen.

Rapid erwischte aber einen ganz schwachen Start. Nach einer halben Stunde war man schon 0:2 hinten. Das 1:2 kurz vor der Pause ließ noch einmal Hoffnung aufkommen, aber für ein hochstilisiertes Finalspiel um die Champions League war das eindeutig zu wenig, was da von den Grünen kam. In der zweiten Hälfte ging es leider unverändert weiter und stand am Ende 2:4. Die Zielvorgabe wurde somit jede Woche nach unten korrigiert. Zuerst verspielten wir die Chance aufs Cupfinale, dann die auf die Champions League und nach diesem Spiel waren wir gerade noch Vierter, weil der LASK weiter auf der Siegesstraße unterwegs war.

Spruchbandtechnisch hatten die Blackies auch etwas zu bieten. Steffen Hofmann zollten sie Respekt – das war sehr anständig von ihrer Seite. Das Spruchband MAGISCHER SCR …, FRÜHER WOAST AMOI WER … konnte man ihnen aus ihrer Sicht auch nicht verdenken.

Der Vertrag von Trainer Djuricin wurde am nächsten Tag sicherheitshalber um ein Jahr verlängert. Die sportlichen Leistungen im Frühjahr hatten das Präsidium dahingehend überzeugt, ihm einstimmig das Vertrauen für ein weiteres Jahr auszusprechen.

…

Die Ära Zellhofer bei Rapid hatte 2006 indes nur kurz gewährt. Sein Nachfolger war Peter Pacult gewesen. Zu dessen Debüt im Herbst 2006 gab es zwar ein 1:1 gegen Red Bull, wenige Tage später wurden wir aber von der Vienna in Döbling im Elfmeterschießen aus dem Cup geworfen. Besserung schien also keine in Sicht, auch in Graz gingen wir damals mit 0:2 unter (15. Oktober 2006), was an jenem Tag aber fast allen Beteiligten in der Szene wurscht war …

Blick zurück auf ein denkwürdiges Gastspiel der Rapid-Fanszene in Graz

Es ist ja immer so: Wenn's sportlich nicht läuft, dann wird das Geschehen auf dem Feld leicht zur Nebensache und man setzt sich andere Prioritäten. Am Tag vor der Abfahrt nach Graz wurde ein Austria Co-Trainer angeblich von Rapidfans in der Innenstadt angegriffen und schwer verprügelt.

Einen Tag später reiste alles, was die Rapid-Szene damals aufzubieten hatte, per vom Verein organisiertem Sonderzug nach Graz. Am Grazer Ostbahnhof angekommen, ging es zu Fuß nach Liebenau in Erwartung eines Angriffs. Der blieb vor dem Spiel zwar aus, dafür krachte es vor dem Stadion einigermaßen heftig mit der Exekutive. Einige Übermotivierte verschossen sogar eifrig ihre Leuchtraketen auf den über uns kreisenden Polizeihubschrauber.

Während des Spiels gelang es einer Gruppe von Rapidlern, die Grazer Kurve zu stürmen. Nach dem Spiel schepperte es wieder mit der Polizei und ein armer Tankstellenbesitzer musste mitansehen, wie seine Tanke geplündert wurde. Als wir uns schon auf den Rückweg nach Wien machen wollten, trauten sich die Grazer dann doch noch.

Es war ein fast apokalyptisches Bild, das sich einem da bot, als der Erste schrie: „Die Grazer kummen!" Alle stürmten aus dem Zug, einige sprangen sogar aus dem Fenster, um in der ersten Reihe zu stehen. Der Spuk war dann bald vorbei. Die Grazer mussten alsbald den Rückwärtsgang einlegen, lediglich der Grazer Vorsänger, der sich in der eigenen Stadt verlaufen haben dürfte, tauchte plötzlich hinter den feindlichen Linien auf und bekam ordentlich eins übergezogen, was ihm in den folgenden Tagen wohl noch einige Kopfschmerzen bereitete.

Einige Monate später ließ das Direttivo der Grazer Folgendes in der Zeitschrift Blickfang Ultrà verlautbaren: „Sicherlich ging es den in ihrem Stolz gekränkten Hauptstädtern mitunter darum, die Scharte vom letzten Match in Graz auszuwetzen, als die grüne Fraktion beim Aufeinandertreffen der Freunde der dritten Halbzeit eine eher unglückliche Figur machte … Die angereisten Grünen wollten es in ihrem angeborenen Trieb, alle anderen zu übertreffen, selbstverständlich nicht verabsäumen, auch die überforderte und völlig neben sich stehende Exekutive auszustechen und an Dummheit zu überbieten. So veranstaltete man kurzerhand ein Zielschießen, bei dem es darum ging, seine Geschicklichkeit beim Feuern von Leuchtraketen auf einen nicht allzu hoch direkt über den Köpfen schwirrenden Hubschrauber unter Beweis zu stellen … Als Fazit bleiben ein wichtiger, emotionaler Sieg auf dem Rasen und die Erkenntnis, dass die Hütteldorfer zwar außerhalb des Stadions, wie nicht anders zu erwarten, eine Nummer zu groß sind, sich die schwarzweiße Kurve hinsichtlich der gesanglichen Darbietungen aber längst nicht mehr zu verstecken braucht … Von den Protagonisten jenes Aufeinandertreffens wurde jedenfalls, dem Prinzip der verbrannten Erde zufolge, zwischen dem Stadion und dem Grazer Ostbahnhof ein wahres Trümmerfeld hinterlassen, das noch Tage später tiefe Spuren eines ereignisreichen Nachmittages trug." (Blickfang Ultrà, #1, Februar 2007)

Es gab nur eine Verhaftung. Die Medien verfielen ob der Gewaltszenen in den folgenden Tagen in Weltuntergangsstimmung. Die EM 2008, die in zwei Jahren über die Bühne gehen sollte, warf ihre Schatten schon deutlich voraus.

Ein Bild habe ich noch genau in Erinnerung: Als der Sonderzug mit 400 Verrückten an Bord endlich Graz verließ, ging Andy Marek, der die Reise organisiert hatte, kopfschüttelnd durch die Waggons. Niemand, kein einziger, redete mehr über die Rapid-Krise, nein, alle waren happy und euphorisch, dass wir die Grazer so richtig auf den Boden der Realität zurückgeholt hatten. Wahrscheinlich hätte Rapid an jenem Sonntagnachmittag auch absteigen können – die Party im Zug hätte trotzdem stattgefunden.

Es war das letzte Mal, dass der SK Rapid sich bei der ÖBB um einen Sonderzug bemühte.

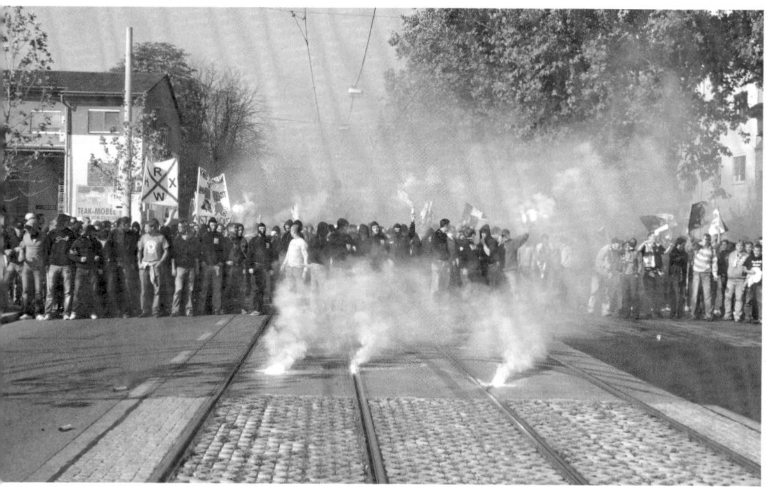

Sonntäglicher Spaziergang der Reisegruppe Wien-West in Graz-Jakomini.

Am Ende weiß keiner, wie's passiert ist, …

… dass der SCR wichtige drei Punkte aus Pasching mitnahm und somit wieder auf den 3. Platz vorrückte. Solange man nur gegen die Mannschaften gewinnt, die hinter einem stehen, aber nicht gegen die siegt, die vor einem liegen, kommt man nicht weiter. Endlich gewann Rapid eines dieser so genannten Schnittspiele, aber schön zum Anschauen war es nicht. Im Endeffekt hat Rapid das Spiel nicht wirklich gewonnen, aber der LASK hat es definitiv verloren. Die Linzer Paschinger waren besser, aber Rapid schoss die Tore.

9. Mai 2018, Cupfinale, Ohne – SK RAPID

Primus inter pares

In den letzten fünf Jahren holte Red Bull neun von zehn möglichen Titeln im Land. Dass gerade Sturm mit einem beherzten und willensstarken Auftritt in Klagenfurt diese Vorherrschaft durchbrach, mag den ein oder anderen Rapidler vor dem Fernseher ob der eigenen Unfähigkeit zur Weißglut getrieben haben.

Dabei geht es uns wie vielen Vereinen mit einem gewissen Anspruch in Deutschland oder Italien: Wenn die Bayern oder Juventus auslassen, dann muss man zur Stelle sein und die Chance nützen. Wir haben das nicht geschafft, Sturm schon und ist somit Erster unter Gleichen, die sich im Windschatten der finanzstarken Dosen bewegen.

Klassiker der Gegensätze

Das vorletzte Heimspiel gegen den frischgebackenen, und das zum fünften Mal in Folge, Meister aus Salzburg. Als „Klassiker der Gegensätze" betitelte Rapid das Match auf der Homepage. In einem Forum hab ich dazu gelesen: „Red Bull steht mindestens dazu, Kommerz zu sein. In deren Stadion kann man zumindest noch mit Bargeld zahlen."

Bei Rapid, so scheint es, tut man sich mitunter schwer, den Spagat zwischen Arbeiterverein und Wirtschaftsunternehmen zu schaffen. Dass seit zehn Jahren kein Titel geholt wurde, der den ganzen finanziellen Aufwand zumindest einigermaßen rechtfertigen würde, macht die Sache nicht einfacher.

Trainer Djuricin nahm einige Ausfälle in der Abwehr als Anlass zum Experimentieren, was aber gehörig in die Hose ging. Die Salzburger hatten zwar schon 60 (!) Spiele in den Beinen, führten aber trotzdem nach einer halben Stunde schon mit 0:3. Das war ein wirklich bitterer Nachmittag in Hütteldorf. Am Feld prallten extreme Gegensätze aufeinander. Schlimmer war aber vor allem die Erkenntnis, dass es nächste Saison nicht unbedingt besser laufen würde. Spieler, Trainer, Präsidium – man kann sich aussuchen, wer Schuld an der schon jahrelang anhaltenden Misere hat. Angesichts dieser fast hoffnungslosen Situation ist eine Überleitung fast unmöglich, deshalb versuch ich's erst gar nicht …

Europacupfinale

Die Salzburger hatten in den vorangegangenen Wochen für Furore auf europäischer Ebene gesorgt und beinahe geschafft, was praktisch niemand mehr für möglich gehalten hatte im heutigen modernen Fußball: Eine österreichische Mannschaft in einem Europacupfinale. Zuletzt gelang dieses Kunststück einer damals großartigen Rapid-Mannschaft in der Saison 1995/96. Natürlich hinkt der Vergleich etwas. Die Europacupbewerbe haben sich seit damals geändert. Das sieht man alleine an folgender Tatsache: Rapid benötigte damals acht Spiele nach Brüssel. Die Salzburger scheiterten heuer im zwanzigsten Spiel knapp auf dem Weg nach Lyon. Aber wurscht: Finale ist Finale.

Wie sagt man so schön: Das Finale kam für mich zu früh, deshalb dazu ein Bericht aus einer der letzten Block West Echo-Ausgaben (#36, 2016):

„Finale, Finale, Europacupfinale…! Eine bisherige Traumsaison sollte nun mit dem Finalsieg gekrönt werden. Finalgegner war der französische Hauptstadtklub Paris Saint Germain. PSG, ein Verein, der erst 1970 aufgrund der Initiative von Pariser Persönlichkeiten gegründet wurde erreichte nach Erfolgen über Molde, Celtic, Parma und La Coruña das Endspiel. Während PSG zum ersten Mal im Finale eines europäischen Bewerbs stand, schafften wir nach 1985 zum 2. Mal den Sprung in ein Endspiel. Gespielt wurde im Stade Roi Baudouin in der belgischen Hauptstadt Brüssel. Elf Jahre zuvor erlangte das Stadion, damals noch als Heysel-Stadion bekannt, traurige Berühmtheit, als es beim Finale der Landesmeister zwischen Liverpool und Juventus zu schweren Ausschreitungen kam und 39 Menschen getötet sowie einige Hundert zum Teil schwer verletzt wurden. Das Stadion wurde dann erst Mitte der 90er Jahre abgerissen und neu aufgebaut. 12.000 Rapid Fans machten sich mit unzähligen Bussen, Autos, Sonderzügen sowie Charterflügen auf den Weg nach Brüssel. Ultras Rapid organisierte wie schon nach Rotterdam zwei Busse, die am Vormittag Brüssel erreichten. Auch machte sich ein Auto mit vier Leuten der Verrückten Köpfe aus Innsbruck auf den Weg nach Brüssel, um uns beim Materialtransport kräftig zu unterstützen.

Die Busse wurden beim Stadion geparkt und schon ging es in die Innenstadt, wo schon jede Menge Fans beider Lager unterwegs waren. Leider waren die Pariser doch in Überzahl, mitunter auch, da es von Paris lediglich 300 km bis nach Brüssel sind. In der Innenstadt kam es am Grand Place zu Ausschreitungen, wobei die Pariser durch die deutliche Überzahl die Oberhand behielten. Nachdem es heftig zur Sache ging, schritt die Polizei mit enormer Härte gegen beide Lager ein. Es folgten jede Menge Verhaftungen und den Leuten wurden die Eintrittskarten abgenommen. Man merkte, dass die Brüsseler Polizei mit allen Mitteln versuchte, ein Szenario wie vor elf Jahren zu unterbinden. Das Spiel rückte immer näher und so zogen die Massen schon langsam in Richtung Stadion. Egal ob in der Innenstadt oder im Stadion, es lag etwas sehr Besonderes in der Luft. Europacupfinale mit Rapid ist definitiv ein absolutes Highlight. Allen, die nicht zum Finale fahren konnten, wurde in

Wien an mehreren Plätzen die Möglichkeit geboten, das Spiel anzusehen, u.a. verfolgten am Rathausplatz einige tausend Rapidler das Spiel. Trommeln und Megaphon waren erlaubt, einzig Transparente durften nicht am Zaun befestigt werden. Diese wurden somit auf der Laufbahn abgelegt. Ebenso lag eine überdimensionale Überrollfahne in Form unseres Klublogos auf der Laufbahn. Ein erstes optisches Ausrufezeichen gab es bei uns mit einer Schalparade, wobei nicht nur die Kurve, sondern auch Teile der Haupttribüne mitmachten. Als dann die Mannschaften das Spielfeld betraten, gab es in der oberen Hälfte unserer Kurve grüne und in der unteren Hälfte weiße Zettel. Als der Schiedsrichter das Spiel anpfiff, gab es auch noch für die gesamte Kurve Plastiküberzieher, die das ganze Spiel über getragen wurden. Plastiküberzieher hatte auch die PSG Kurve während des Spiels, dazu hatten auch sie Zetteln in den Vereinsfarben und eine Überrollfahne mit dem Klublogo wurde aufgezogen. Auch die Gegengerade war fest in französischer Hand, so waren 2/3 des Stadions auf Seiten von PSG. Sportlich war Rapid trotz der Erfolge gegen Ploiesti, Sporting, Dynamo Moskau und Feyenoord Außenseiter, jedoch weiß jeder, dass in einem Finale alles möglich ist. Dennoch übernahm der Favorit aus Paris sofort das Kommando und erspielte, angetrieben durch seinen Spielmacher Youri Djorkaeff, sehr gute Torchancen. In der 29. Minute stand PSG das Glück zur Seite, als Peter Schöttel einen Freistoß von Bruno N'Gotty unhaltbar ins eigene Tor abfälschte. Die Kurve gab alles, um unsere Mannschaft zum Ausgleich zu peitschen. Immer wieder wurde auch schwarzes und weißes Rauchpulver gezündet, welches in den 1990er Jahren generell zig Male in den Himmel emporstieg. Auch in der 2. Hälfte änderte sich am Spielgeschehen wenig. PSG drückte weiter, vergab aber zahlreiche gute Möglichkeiten. In der Schlussphase hatten auch wir die eine oder andere gute Torchance auf den Ausgleich, doch fehlte uns im Gegensatz zu den Runden davor auch das Glück. Nach 93 Minuten war es dann Gewissheit – Rapid konnte auch das 2. Europacupfinale nicht gewinnen. Die Mannschaft wurde dennoch von den 12.000 Mitgereisten nach dem Schlusspfiff 30 Minuten lang gefeiert. Viele der heimgekehrten Rapidler begaben sich am nächsten Tag direkt zum Rathausplatz, wo im Falle eines Sieges die Europacupparty stattfinden hätte sollen. Trotz der Niederlage stieß man hier mit einem Bier auf die unvergessliche Saison an."

11

Dem Match gegen die Vorarlberger ging eine intensive Woche voraus. Das Karriereende von Steffen Hofmann war ja schon länger absehbar. Also suchte der Papst in Rom um eine Privataudienz beim scheidenden Hütteldorfer Fußballgott an. Einige Vereinsoffizielle und die Hälfte des spielenden Personals flog daraufhin Mitte der Woche in die Ewige Stadt, bekam Gottes Segen und übergab im Gegenzug einige Geschenke. Papst Franziskus bekommt als Rapid-Mitglied in Zukunft auch 10 % Rabatt im Rapidshop. Inwiefern der SK Rapid damit das eigene Leitbild ignorierte („Der SK Rapid ist offen.") und die eigenen Anhänger anderer Konfession vor den Kopf stieß, möge jeder selber entscheiden.

Zurück in Wien verkündete Steffen Hofmann dann offiziell seinen Rückzug und kündigte ein Abschiedsspiel für den Juli an. Er tritt als Rekordspieler ab, den Rekord an Meisterschaftsspielen indes knackte er nicht, es war alles in allem eine durchwachsene letzte Saison in Grün-Weiß für ihn. „Ich hätte sie mir schenken können, aber trotzdem hat es jeden Tag Spaß gemacht, zum Training zu kommen. Wehgetan hat, dass ich öfters nicht zum Kader gehört habe, vor allem bei den großen Spielen war das hart für mich. Über den Liga-Rekord hätte ich mich gefreut, aber es bricht deswegen keine Welt zusammen … Wenn ich im Cupfinale eingewechselt worden wäre und das Siegestor geschossen hätte, hätte ich die Fußballschuhe nie mehr angezogen. Dass das letzte Jahr so laufen wird, war für mich nicht voraussehbar. Ich habe im Sommer andere Erwartungen gehabt. Aber Dinge verändern sich, das akzeptiere ich." (Hofmann im Kurier, 18. Mai 2018)

Trainiert wurde zwischendurch auch. Kvilitaia, der gerade gut in Form war, verletzte sich schwer.

Am Feld entwickelte sich dann mehr ein lauer Sommerkick als ein Bundesligaspiel, aber da der LASK zeitgleich verlor, war der 3. Platz sowieso gesichert und insofern war's wurscht. Auch manch anderer Spieler lief das letzte Mal auf, zum Beispiel das Eigengewächs Louis Schaub, der die 2. deutsche Bundesliga einem Verbleib in Hütteldorf vorzog. Die Lethargie fand Mitte der zweiten Halbzeit ein Ende, als der Fußballgott zum letzten Mal eingewechselt wurde. Richtig kitschig wurde es ein paar Minuten später. Der Mann des

Tages schoss vor der West das vielumjubelte 4:1. Das gibt's wirklich nur bei Rapid!

Nach Spielende setzte sich der Reigen der emotionalen Momente fort. Da flossen viele Tränen. Der ehemalige Kapitän, dessen Rückennummer 11 ebenso viele Jahre lang nicht mehr vergeben wird, wurde mit großem Brimborium verabschiedet. Das kann man bei Rapid gut und das hat er sich auch redlich verdient. Die Zeit der Legenden bei Rapid scheint damit wohl endgültig vorbei zu sein. Hofmann wird dem Verein erhalten bleiben, hoffentlich endet seine Laufbahn bei Rapid nicht wie die des anderen Rekordspielers Peter Schöttel. Dessen Karriereende als Sportdirektor und später als Trainer war wenig ruhmreich.

Danke Steffen und pfiati.

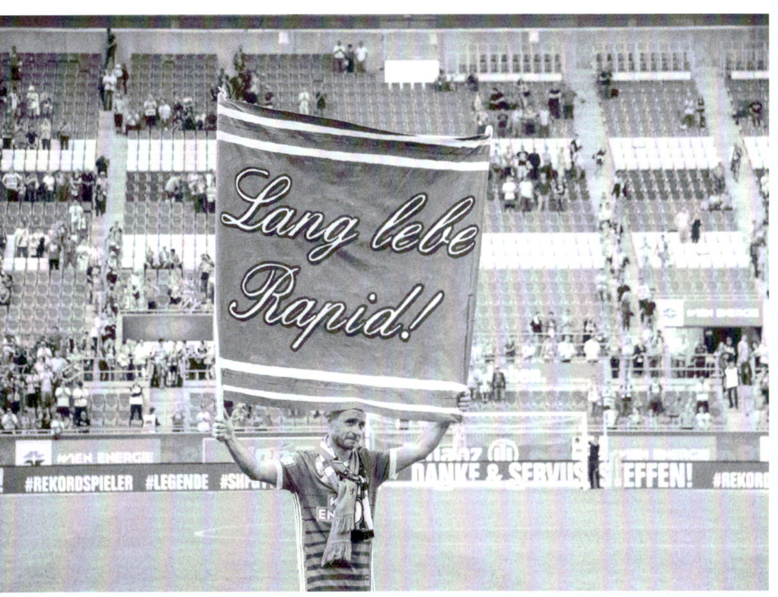

Steffen Hofmann, zwei Mal Meister mit Rapid 2005 und 2008.

27. Mai 2018, 36. Runde Meisterschaft, Wolfsberger AC – SK RAPID, 0:0

Europapokal, Europapokal, Europapokal, Europapokal – Казань

Liebes Tagebuch, wir haben es geschafft, das letzte Spiel der Saison stand an – leider ein unbedeutendes. Rapid gastierte in Wolfsberg. Schon 2015 spielten wir die letzte Runde im Lavanttal, damals gab es einen klaren 5:0 -Sieg unserer Kanoniere – es war das bisher einzige Mal, dass wir dort gewinnen konnten.

Zwei Wochen vorher war das Spiel der Austria dort dem Starkregen zum Opfer gefallen. Auch bei uns regnete es 90 Minuten hindurch, aber wir sind zum Glück nicht die Austria. Rapid hatte im Gegensatz zur Konkurrenz schon vorab Spieler zum Nationalteam geschickt und reiste mit einer Rumpfmannschaft an. Warum, das erschloss sich mir nicht, war aber eigentlich auch wurscht.

Geboten wurde nicht viel, das Spiel plätscherte wetterbedingt vor sich hin. Die paar Chancen, die wir hatten, wurden stümperhaft vergeben. Ich war froh als es wieder nach Hause ging.

…

In der kommenden Saison geht es wieder auf Reisen. Europa ist geil und somit freuen wir uns schon drauf. Wir haben in den letzten zwanzig Jahren viele Städte bereist. Vieles war toll, einiges aber auch fad. Den unerreicht besten Trip erlebte unsere Generation in der Saison 2004/05. Nach einigen Jahren Abstinenz war es für viele

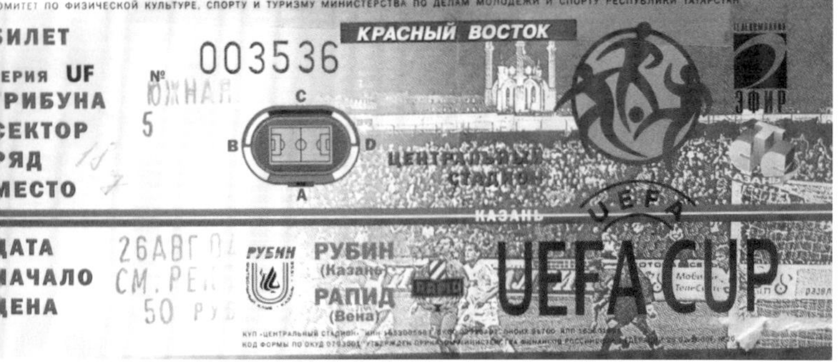

Eintrittskarte zum UEFA Cup-Spiel Rubin Kasan gegen Rapid vom 26. August 2004.

von uns der erste Ausflug mit Rapid in ein fremdes Land. Als Gegner in der Qualifikationsrunde wurde uns die damals noch völlig unbekannte Mannschaft von Rubin Kazan zugelost. Das erste Spiel (12. August 2004) verloren wir in Wien überraschend mit 0:2. Trainer Hickersberger warnte zwar vor den unbekannten Russen, aber wir haben die wohl alle unterschätzt.

Im Mannschaftsflieger machten sich zwei Wochen später dann auch rund achtzig Unentwegte auf den zweitägigen Trip ins tiefste Russland, 800 Kilometer östlich von Moskau. Kasan war eine typische Ostblockmetropole, hatte nicht wirklich viel zu bieten, aber doch irgendwie ein eigenes Flair. Laut dem Krone-Redakteur Peter Linden galt die Stadt damals als gefährlichste in Russland. Das erlebten einige aus unserer Reisegruppe dann auch hautnah, aber da waren sie größtenteils selber schuld.

Wir haben damals noch zu wenig über den Tellerrand geblickt. Keiner hatte sich mit der Geschichte der Stadt befasst, ansonsten hätten wir schon damals herausfinden können, dass Kasan eine spezielle Stadt ist. Die Hauptstadt der autonomen Teilrepublik Tatarstan hat mittlerweile 1,2 Millionen Einwohner, wobei sich Russen und Tataren in etwa die Waage halten. Genauso verhält es sich mit den Religionen, Orthodoxie und Islam liegen gleichauf. Darüber hinaus gibt es noch eine Reihe weiterer ethnischer Minderheiten, die Kasan multikulturell und -konfessionell erscheinen lassen. Die über tausend Jahre alte Stadt hat neben einem bedeutendenKreml, der von den tatarischen Herrschern angelegt und schließlich von Iwan dem Schrecklichen zur steinernen Festung ausgebaut wurde, auch die zweitgrößte Moschee des Landes. All das war uns damals wurscht, ist aber doch sehr interessant.

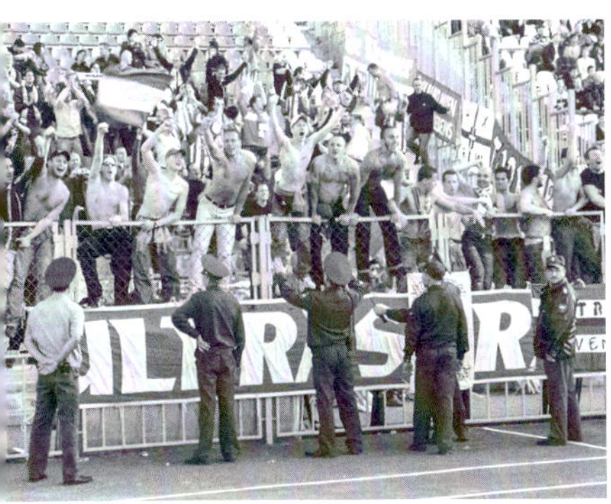

Rapid-Fanblock in Kasan, bewacht von russischen Milizionären.

Die Russen spielten zum ersten Mal überhaupt im Europacup. Noch am Tag des Spiels wurden eifrig Sitze auf die Tribünen des Zentralstadions montiert. Erst einige Jahre später, als sie 2008 und 2009 russischer Meister wurden, sollten die Grün-Roten mehr ins Rampenlicht rücken. Im Oktober 2009 sorgten sie für Furore, als sie gegen Barcelona in Camp Nou mit 2:1 gewannen.

Das Spiel vom 26. August 2004 ging ins grün-weiße Geschichtsbuch ein. Mit 3:0 wurden die Russen aus dem Bewerb geworfen. Unglaubliche Szenen im Gästesektor waren die Folge. Kaum in Worte zu Fassendes spielte sich auch auf dem Flughafen wenig später ab. Spieler und Fans waren gleichermaßen freudetrunken oder schlicht betrunken, als plötzlich das Gerücht die Runde machte, der Rückflug würde sich um einen Tag verschieben, weil ein Defekt bei der Maschine aufgetreten sei. Typisch Rapid – immer sparen, wo's geht, und sei es am Charterflieger. Der Flug verschob sich dann tatsächlich um zwölf Stunden, da ein Ersatzteil extra aus Deutschland eingeflogen werden musste. Die Nacht verbrachten wir dann vollfett am Flughafen, während der Rest der Rapidfans in eine Polizeikaserne verfrachtet wurde. Dies hatte die UR-Reisegesellschaft dankend abgelehnt.

Retour Richtung Wien ging es dann am Freitagmittag, allerdings nicht ohne Schrecksekunde. Wir waren schon in der Luft, als wir plötzlich wieder umkehrten, weil der Luftraum über Moskau

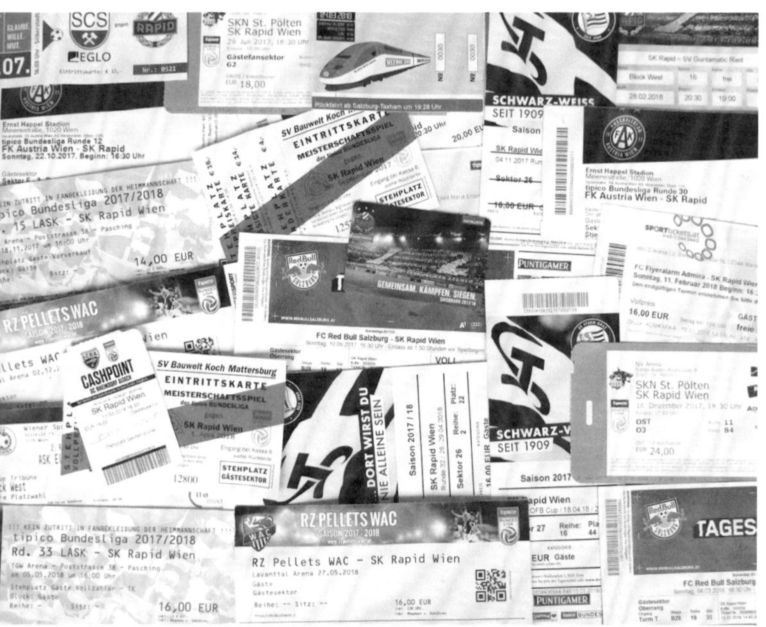

Das war die Saison 2017/18.

kurzzeitig gesperrt war. Große Erleichterung dann bei allen, als es nach ein paar Minuten doch wieder gen Westen ging und der Treibstoff auch bis zur Landung in Schwechat reichte.

Es dauerte nur drei Jahre und wir trafen im UI-Cup der Saison 2007/08 wieder auf die Tataren. Wir stellten fest, dass sich nicht nur die Stadt inzwischen gemausert hatte. 2005 war das 1000-jährige Gründungsjubiläum Kasans gefeiert worden, eine U-Bahn war inzwischen fertiggestellt, was rückblickend die vielen Baustellen 2004 erklärte. Putin war zu Gast gewesen und alles auf Hochglanz poliert. Auch die einheimischen Ultras hatten sich entwickelt. Auf unserem Stadtspaziergang wurden wir mitten auf der Einkaufsstraße unverhofft angegriffen. Passiert ist nicht wirklich viel, patsch-patsch und das war's. Wir stiegen nach einem 3:1 in Hütteldorf mit einem 0:0 in die nächste Runde auf.

Bis 2014 spielte Rubin im alten Центральный стадион (Zentralstadion). Inzwischen hat die Stadt ein neues Stadion erhalten, die Казань Арена (Kasan Arena) und eine Vielzahl von großen Sportveranstaltungen (zuletzt den Confed-Cup 2017) ausgetragen. Im Sommer 2018 war die Stadt Spielort der Weltmeisterschaft. Deutschland verlor dort 0:2 gegen Südkorea.

…

Wie gerne hätte ich dieses Tagebuch mit dem Gewinn eines Titels abgeschlossen, aber der blieb uns auch dieses Jahr verwehrt. Durch die Ligareform wird's in der kommenden Saison hoffentlich für die Fans interessanter. Dass Wacker Innsbruck wieder raufkommt und dieses Mal hoffentlich länger erstklassig bleibt, ist definitiv leiwand, ob wir sonst einen Nutzen aus dem neuen Format ziehen können, wird sich weisen.

Ich freu mich auf die neue Saison, es wird aber Zeit, dass der SK Rapids solche Mails verschickt:

Hallo Thomas,

eine tolle Saison liegt hinter uns. Im letzten Meisterschaftsspiel krönten wir uns nach langer Durststrecke endlich wieder zum Meister, der 33. Meistertitel in unserer langen Historie. Unvergessen der Auftritt der 10.000 mitgereisten Rapidfans beim Meisterschaftsfinish in Salz-

burg. Genauso unvergessen das Cupfinale im Stadion des Erzrivalen. Über 10.000 Grüne peitschten den SCR zum Cupsieg. Trotz strömenden Regens bogen wir abermals die Mannschaft von Sturm Graz in der Verlängerung.

Niemals aufgeben – das war Rapid, im wahrsten Sinne des Wortes. Wir freuen uns mit Dir auf die anstehenden Spiele in der Champions League und die Titelverteidigung.

Lang lebe Rapid!

Von vermeintlichen Festspielen, leeren Akkus und einem schwarzen Sonntag …

Mit ein paar neuen Spielern und einer neuen Werbekampagne ging es in die neue Saison. „Hütteldorfer Festspiele" sollten es werden, aber der Gag war wieder ein Griff ins Klo. „Festspiele beinhalten leider auch manchmal Tragödien … Dass so eine Kampagne bei fehlendem sportlichem Erfolg auch negativ aufgefasst werden kann, ist klar – das Risiko gibt es bei jeder öffentlichen Aktion, die man setzt", relativierte Geschäftsführer Peschek einige Monate später.

Die Vereinsführung gab die Qualifikation für die Europa League-Gruppenphase als großes Ziel aus. Die Performance in der Meisterschaft litt natürlich darunter. Es ist halt immer das Gleiche. Europacup ist das Geilste, aber mit Ausnahme von Salzburg schafft es kein Team im Land mit der Dreifachbelastung (EC, Meisterschaft, Cup) fertig zu werden. Im Herbst 2016 hatte es Mike Büskens erwischt, zwei Jahre später Goran Djuricin, der nach eineinhalb Jahren als Rapid-Coach beurlaubt wurde. Nach neun Runden hielt Rapid bei ebenso vielen Punkten in der Meisterschaft. Red Bull hatte zum selben Zeitpunkt bereits 27, selbst St. Pölten hatte 20 Punkte am Konto! Da half auch die Aussicht auf Punkteteilung nach dem Grunddurchgang wenig. Im wahrsten Sinne des Wortes: Unterm Strich, also ab Platz sieben, war es zu wenig, was der SK Rapid da aufführte.

Ende September 2018 fand das Missverständnis Rapid – Djuricin endlich ein Ende. Der Schritt kam leider viel zu spät. Wie so oft in der Vergangenheit wartete man so lange, bis für alle Beteiligten der größtmögliche Schaden entstanden war. Der Verein als Ganzes gab in jenen Tagen ein ziemlich chaotisches Bild ab. „Der große SK Rapid leidet und das ganze Land ergötzt sich daran", schrieb der Block West in einer Stellungnahme. Dazu gab es das Spruchband: UNSERE NERVEN LIEGEN BLANK, DIE AKKUS SIND LEER. 15 MINUTEN SCHWEIGEN, DENN WIR WOLLEN NICHT MEHR …

Rund um die Djuricin-Entlassung gab es die immer wiederkehrende Diskussion darüber, ob der Block West zu viel Einfluss und die UR zu großes Mitspracherecht im Verein hätten. Passend dazu fand in der aktiven Szene auch eine Art Paradigmenwechsel statt. Ganz offiziell rief man dazu auf, Vereinsmitglied zu werden. Bisher hatte man stets andere Kanäle zur Vereinsarbeit genutzt.

Ausgerechnet die Lichtgestalt Didi Kühbauer besiegelte das Schicksal Djuricins als Rapid-Trainer mit einem 2:0-Auswärtssieg seiner St. Pöltner in Hütteldorf. Ihn dann direkt zum neuen Trainer zu machen, war ein taktisch kluger Zug der Verantwortlichen, schließlich hatte der Feuerwehrmann ob seiner Vergangenheit eine Menge Kredit bei den Fans. Trotzdem gab es auch unter ihm bittere, fast peinliche Auftritte wie ein 0:3 in Hartberg oder die 0:5 Abfuhr in Spanien gegen Villareal.

Dass wir aber gerade sein erstes Derby als Rapid-Trainer mit 1:6 verlieren würden … damit hatte wohl niemand gerechnet. Viel schlimmer als diese Rekordschmach war jedoch das, was sich 200 Meter vom Stadion entfernt abspielte. Der Derby-Corteo wurde dort bei Eiseskälte und ohne Verpflegung über sechs Stunden lang eingekesselt, weil ein paar Schneebälle idiotischerweise auf die Tangente geflogen sind.

Das war der negative Höhepunkt eines wieder einmal durchwachsenen Herbstdurchgangs, selbst das Überwintern im Europacup konnte darüber nicht hinwegtäuschen.

Am 8. Jänner 2019 folgte, und hier schließt sich der Kreis, der Startschuss zu 120 Jahre SK Rapid. Ein Jubiläum, das der Verein in den folgenden Monaten noch ausgiebig und mit vielen Aktionen feiern sollte. Den Beginn machte die Enthüllung eines Steins der Erinnerung vor dem früheren Wohnhaus des jüdischen Namensgebers Wilhelm Goldschmidt.

Das neue Ligaformat sorgte für Spannung, zumindest auf den billigen Plätzen rund um den Strich, der die Meisterrunde von der Gruppe der Loser trennte. Vorneweg marschierten wie immer die Salzburger. Die scheiterten zwar wieder famos in der Champions League-Qualifikation, aber spielten in der Liga wie gehabt alles in Grund und Boden. Lediglich die Athletiker aus Pasching konnten mithalten – primus inter pares Lask.

Im März 2019 wurde die Liga geteilt. Zuvor gewannen wir zwar überraschend und nach gefühlten 100 Jahren wieder einmal gegen das Konstrukt aus Fuschl und eine Woche später souverän in St. Pölten, aber dann kam Mattersburg. Das obere Playoff plötzlich und unerwartet wieder vor Augen, scheiterten wir im Burgenland – unpackbar. Das 2:2 im letzten Spiel gegen Hartberg war dann nur noch die Draufgabe auf einen Grunddurchgang, der zum Vergessen war. Rapid durfte also unten weiterspielen. Wir sind zwar noch nie abgestiegen, aber jetzt wissen wir, wie das ist: Admira, Altach, Mattersburg, Innsbruck und Hartberg, das ist wie ane in die Goschn und fühlt sich schon ein wenig an wie 2. Liga.

Im Cup waren wir zu diesem Zeitpunkt noch dabei. Vielleicht würde die Saison 2018/19 ja doch noch zu einer überdurchschnittlichen und somit besseren werden als die zehn zuvor …

PS: Am Ende sei noch gesagt, ich halte es wie die Lords: Wenn schon Sicherungshaft, dann richtig … Kickl wegsperren, jetzt!

Quellen

Bücher

Günther Allinger: Das große Rapid-Buch, Frick Verlag, Wien 1969.

Michael Almási-Szabò: Von Dornbach in die ganze Welt – Die Geschichte des Wiener Sport-Clubs, Verlagshaus Hernals, Wien 2010.

Michael Bergschober: Meine Mutter hat Stadionverbot, Eigenverlag, Salzburg 2017.

Franz Binder jun.: Franz „Bimbo" Binder – Ein Leben für den Fußball, Residenz Verlag, St. Pölten 2011.

Franz Binder: Die unendliche grün-weiße Geschichte, Gabriele Binder, Wien 1992.

Fabian Brändle, Christian Koller: Goooal!!! Kultur- und Sozialgeschichte des modernen Fußballs, Orell Füssli Verlag, Zürich 2002.

Dieter Chmelar: Rapid – Der Klub, der keinen kaltlässt, Jugend und Volk, Wien, 1984.

Klaus Dermutz: Ernst Happel – Genie und Grantler, Verlag Die Werkstatt, Göttingen 2012.

Wolfgang M. Gran: Krankl, Egon Theiner Verlag, Wien 2005.

Andreas Hafer, Wolfgang Hafer: Hugo Meisl oder die Erfindung des modernen Fußballs, Verlag Die Werkstatt, Göttingen 2007.

Roland Holzinger, Die Chronik, Verlag Oskar Buschek, Waidhofen/Thaya 1999.

Roman Horak, Wolfgang Maderthaner: Mehr als ein Spiel – Fußball und populäre Kulturen im Wien der Moderne, Löcker Verlag, Wien 1997.

Roman Horak, Matthias Marschik: Der Wiener Fußball und seine Zuschauer 1945–1990, Turia und Kant, Wien 1995.

Domenico Jacono: Die Chronik Band II, Verlag Oskar Buschek, Waidhofen/Thaya, 2009.

Karl P. Koban, Johann Skocek, Wolfgang Weisgram: 100 Jahre Rapids – Geschichte einer Legende, Döcker Verlag, Wien 1999.

Gregor Labes, Kersten Bogner, Fabian Mosser, Gerald Pichler, Jürgen Zacharias: 111 Gründe den SK Rapid Wien zu lieben, Schwarzkopf & Schwarzkopf Verlag, Berlin, 2015.

Helmut Lang: Rapid! Der Siegeszug der Hütteldorfer Meisterelf, Verlag Dr. Fonje, Krems 1959.

Peter Linden, Peter Klöbl: Rapid – 100 Stars in Grün-Weiß, Pichler Verlag, Wien 1999.

Peter Linden: Wir sind Rapid, Wiso Buch, Wien 2009.

Matthias Marschik, Domenico Jacono, Edgar Schütz: Alles Derby! 100 Jahre Rapid gegen Austria, Verlag Die Werkstatt, Göttingen 2011

Matthias Marschik: Massen, Mentalitäten, Männlichkeit – Fußballkulturen in Wien, Verlag Bibliothek der Provinz, Weitra 2005.

Jürgen Pucher: 111 Gründe den SK Sturm Graz zu lieben, Schwarzkopf & Schwarzkopf Verlag, Berlin 2017.

Andreas Röscher, Matthias Marschik, Edgar Schütz: Das große Buch der österreichischen Fußballstadien, Verlag Die Werkstatt, Göttingen 2007.

Jakob Rosenberg, Georg Spitaler: Grün-Weiß unterm Hakenkreuz – Der Sportklub Rapid im Nationalsozialismus (1938 – 1945), Dokumentationsarchiv des österreichischen Widerstandes, Wien 2011.

Johann Skocek, Wolfgang Weisgram: Das Spiel ist das Ernste – Ein Jahrhundert Fußball in Österreich, Echomedia Verlag, Wien 2004.

Johann Skocek: Sportgrößen der Nation – Der Aufstieg des Österreichers vom Helden zum ewigen Verlierer, Edition Tau, Bad Sauerbrunn 1994.

Zeitungen/Zeitschriften

11FREUNDE, #68, November 2015.

Arbeiter Zeitung (5. Mai 1961, 27. Juni 1961).

Ballesterer (#58, 2011, #99, 2015)

Blickfang Ultrá (#1, Februar 2007).

Der Standard (12./13. Mai 2018).

Kronen Zeitung (verschiedene Ausgaben, Jahrgänge 1979 – 2018)

Kurier (verschiedene Ausgaben, Jahrgänge 1977 – 2018)

Rennbahn Express, November 1979 (Die Fans: Samstag Nachmittag Fieber in Österreich).

Fanzines/Stadionmagazine

Block West Echo, Fanzine der Ultras Rapid (verschiedene Ausgaben 1999 – 2017).

Block West Echo Neu, Fanzine der Ultras Rapid (verschiedene Ausgaben 2008 – 2010).

Forza Rapid – Die Hütteldorfer Revue (#7, 2016; #12 und #13, 2017).

Go West!, Kurvenflyer der Ultras Rapid (verschiedene Ausgaben 1994 – 2018).

Tornados Spezial, Fanzine der Tornados Rapid (#34, 2014, #38, 2016).

Vorspiel, Fanzine der Grazer Sturmflut (#8, 1999).

Internet:

Laurin Rosenberg: Hackler seit 120 Jahren, veröffentlicht auf www.skrapid.at am 22.07.2017.

Offene Worte aus Hütteldorf, veröffentlicht auf www.skrapid.at am 31.03.2018.

Pyro im Stadion: Das Innenministerium setzt auf Kriminalisierung, veröffentlicht auf www.rechtshilfe-rapid.at am 19.03.2018.

In der Reihe Bibliothek des Österreichischen Fußballs sind bereits erschienen:

Bd. 1 First Vienna Football Club (Alexander Juraske)
Bd. 2 SK Rapid Wien (Thomas Lanz)
Bd. 3 Wiener Sport-Club (Christian Bunke)
Bd. 4 FK Austria Wien (Clemens Zavarsky)

In der Reihe Bibliothek des Deutschen Fußballs sind bereits erschienen:

Bd. 1 1. FC Union Berlin (Jörn Luther)
Bd. 2 SV Babelsberg 03 (Rico Noack)
Bd. 3 BFC Dynamo (Marco Bertram)
Bd. 4 FC Energie Cottbus (Jens Batzdorf)
Bd. 5 1. FC Lokomotive Leipzig (Freundeskreis Probstheida)
Bd. 6 BSG Chemie Leipzig (Alexander Mennicke)
Bd. 7 1. FC Magdeburg (Jente Knibbiche)
Bd. 8 F.C. Hansa Rostock (Marco Bertram)
Bd. 9 1. FC Nürnberg (Benjamin Wolf)
Bd. 10 FC Rot-Weiß Erfurt (Matthias Klaß)
Bd. 11 1. FC Köln (Andreas Merkel)
Bd. 12 SG Dynamo Dresden (Uwe Leuthold)
Bd. 13 FC Sankt Pauli (Fabian Fritz & Gregor Backes)
Bd. 14 SV Waldhof Mannheim (Andi Nowey)
Bd. 15 FC Carl Zeiss Jena (Jörg Dern & Toni Schley)
Bd. 16 FC Bayern München (Marcel Neudeck)
Bd. 17 Borussia Mönchengladbach (Steffen Andritzke)
Bd. 18 Eintracht Braunschweig (Uli Hannemann)
Bd. 19 S.C. Fortuna Köln (Heribert Rösgen & Matthias Langer)
Bd. 20 FSV Frankfurt (Franziska Blendin)
Bd. 21 BSG Wismut Gera (Mario Krüger)
Bd. 22 FSV Zwickau (Norbert Peschke & Dieter Völkel)
Bd. 23 Fußball in der DDR (Frank Willmann)
Bd. 24 TSV 1860 München (Stephanie Dilba)